南三陸日記

三浦英之

集英社文庫

目次

南三陸町 周辺地図

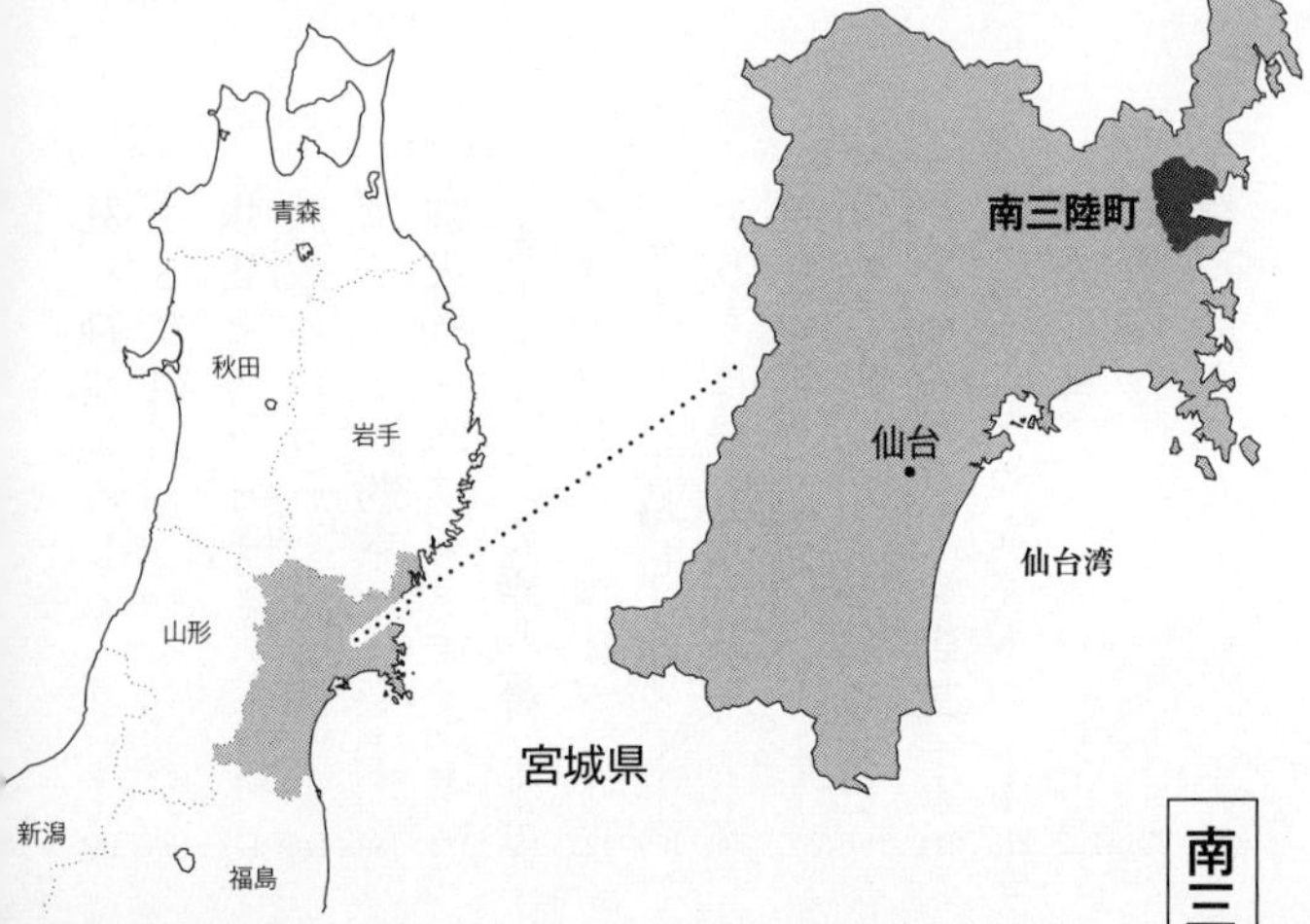
青森
秋田
岩手
山形
宮城県
新潟
福島
南三陸町
仙台
仙台湾

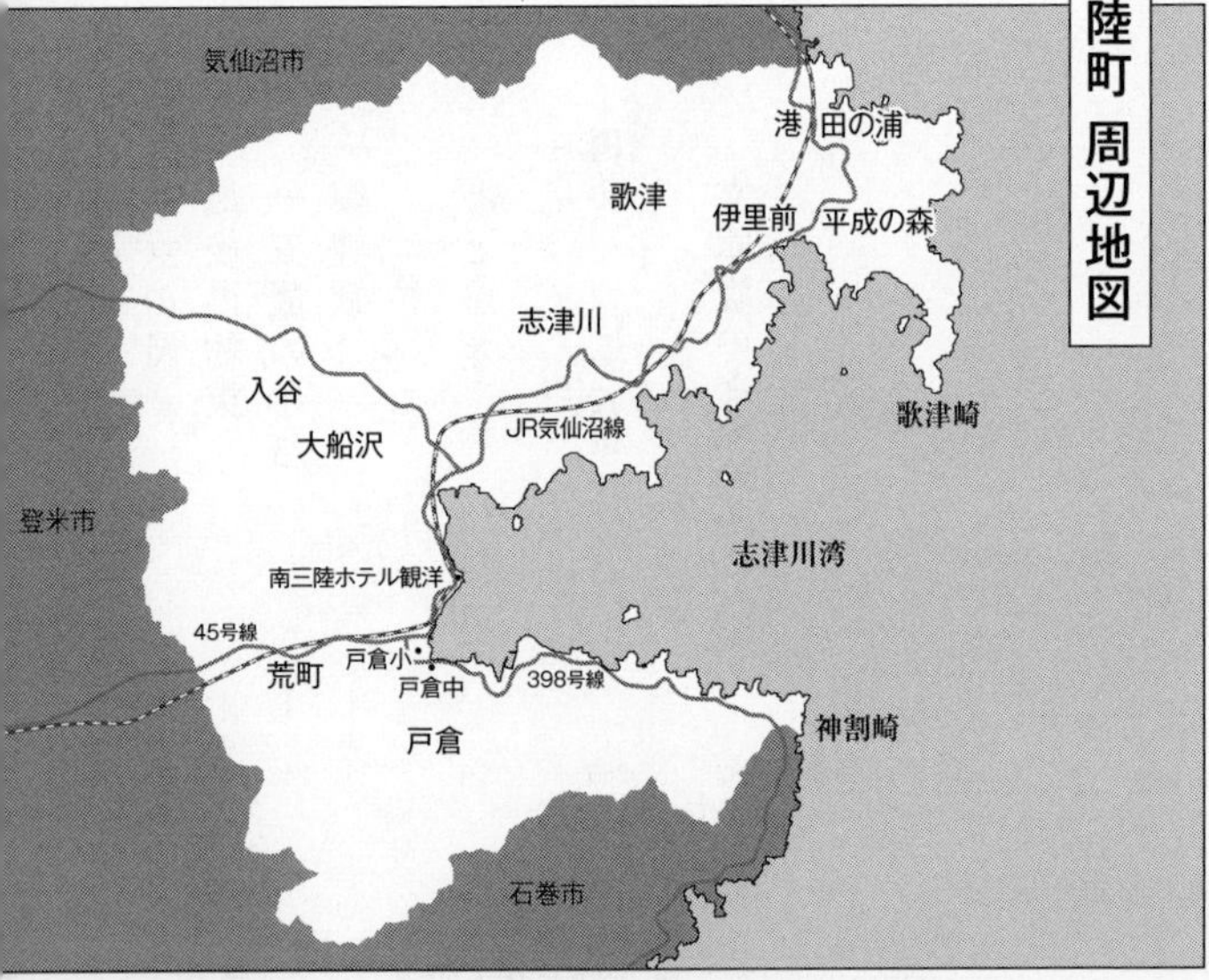
気仙沼市
港
田の浦
歌津
伊里前
平成の森
志津川
入谷
大船沢
JR気仙沼線
歌津崎
登米市
志津川湾
南三陸ホテル観洋
45号線
戸倉小
荒町
戸倉中
398号線
神割崎
戸倉
石巻市

南三陸日記

序章

津波までの三〇分

遺体はどれも一カ所に寄せ集められたように折り重なっていた。

リボンを結んだ小さな頭が泥の中に顔をうずめている。細い木の枝を握りしめたままの三〇代の男性がいる。

消防団員が教えてくれた。

「津波は引くとき、川のようになって同じ場所を流れていく。そこに障害物があると、遺体がいくつも引っかかってしまう……」

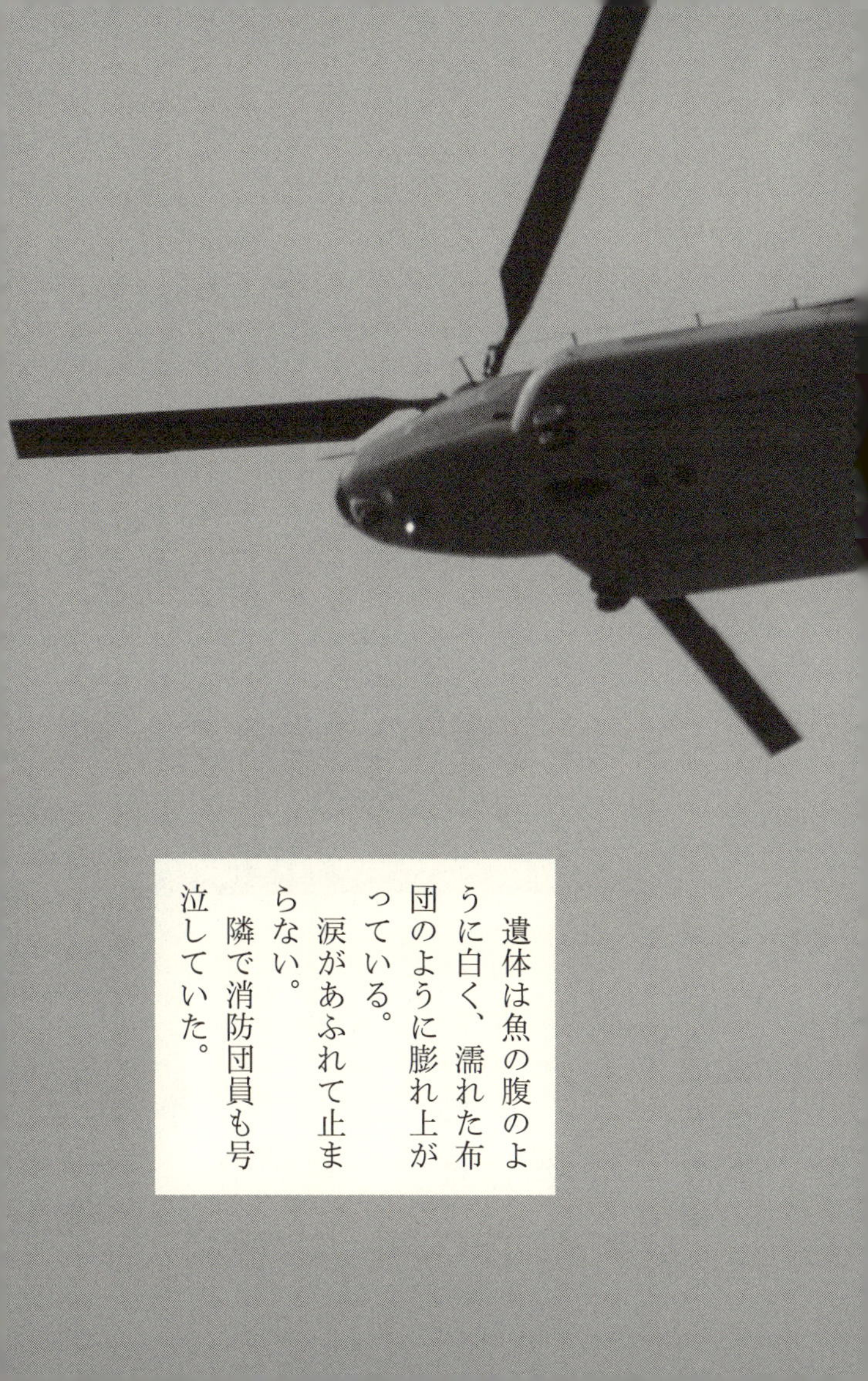

遺体は魚の腹のように白く、濡れた布団のように膨れ上がっている。

涙があふれて止まらない。

隣で消防団員も号泣していた。

震災翌日から現地に入り、一八日間取材を続けた。

最初の数日はまともに記事が書けなかった。目の前の惨状に何がニュースかわからなくなり、気がつくと空ばかり見上げていた。

「なぜ、こんなにも多くの人が――」
がれきの中を歩くたびに、怒りと悲しみに
満ちた疑念が胸の中に押し寄せた。

被災地では、土砂にまみれた時計の多くが地震の起きた午後二時四六分ではなく、午後三時二〇分前後で止まっている。津波が押し寄せた時間だ。多くの命が奪われたのは地震発生の直後ではなく、おそらく約三〇分後のことなのだ。

そう思う度に、胸が張り裂けそうだった。

「三〇分」は決して長くはないが、何かしらの対策を講じることができた時間だからだ。

その与えられた時間を有効に使える対策や手だてを、私たちは事前に準備することができていただろうか。

答えはたぶん「ノー」だろう。

今回の津波では、海岸沿いに建てられた病院や老人施設でたくさんの人が亡くなっている。多くの人が車で移動し、避難所さえも津波にのまれた。

私たちが真っ先に取り組むべきこと。それは、あの「三〇分」に人々がどう動いたのかを克明に記録・検証することだと私は思う。それを新しい国や地域の仕組みにいかした上で、後世にしっかりと語り継いでいこう。

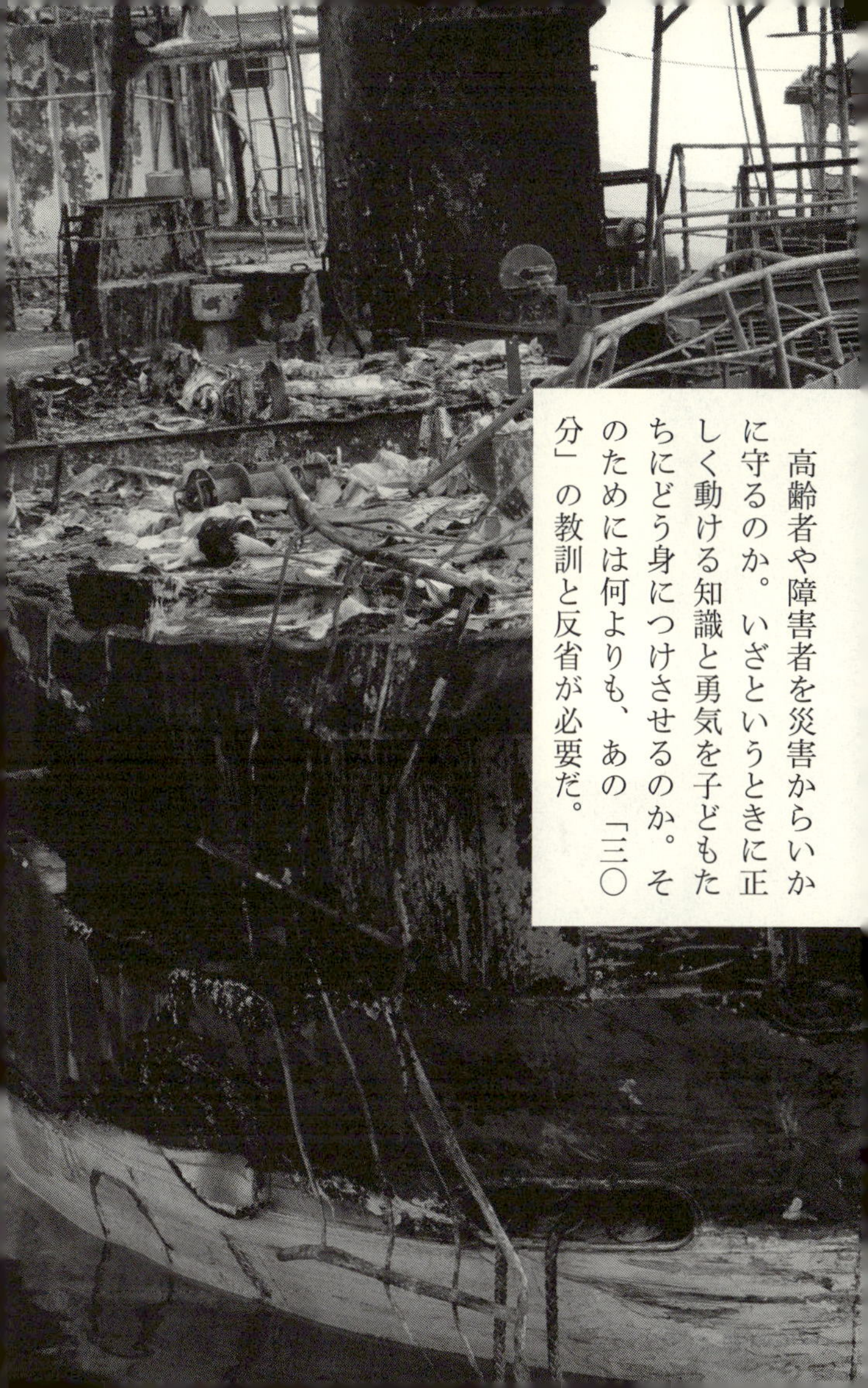

高齢者や障害者を災害からいかに守るのか。いざというときに正しく動ける知識と勇気を子どもたちにどう身につけさせるのか。そのためには何よりも、あの「三〇分」の教訓と反省が必要だ。

悪夢は今も続いている。多くの人ががれきの中をさまよい歩くこの国で、できるだけ多くの記憶と言葉と映像を残そう。

生き延びることができた私たちの、それが最大の使命だと感じる。

＊

私がこの原稿を書いたのは、妊娠中の妻が里帰りしていた大阪へと向かう被災地からの飛行機の中だった。一八日間の被災地取材の中では書き尽くせなかった想《おも》いを、少しでもとどめておこうとパソコンのキーボードに触れると、言葉は一気にあふれ出てきた。

原稿は二〇一一年四月九日付朝刊全国面に掲載された。直後、直属の上司である社会部長から携帯電話で連絡を受けた。「被災地に赴任してみないか」という打診だった。「場所はどこでもいい。一年間、思い切り記事を書いてみないか」

私は一日だけ回答を留保し、妻と相談した上で内示を受けることにした。社会部長からは「できれば、岩手か福島で」と提案されたが、私は宮城を希望した。二〇〇〇年から四年間、駆け出し記者として過ごした初任地だったからだ。被災前の人々の姿と土地のにおいを知っている。そのことが被災地での取材に力を与えてくれるように思えた。

二〇一一年五月一〇日、私は新聞社が震災後新たに設置した「南三陸駐在」として、がれきに埋もれた宮城県南三陸町に赴任した。東京や大阪から大量に記者が出張し、その都度、記事になりそうな出来事を「報道」するのではなく、記者が実際に被災地に住み込んで、そこで感じた日常の変化や人々の心の揺れなどを「報告」する。

そんな試みを始めて数週間が過ぎた頃、変わりゆく被災地の風景を毎週一回、全国版のコラムで紹介してみないか、という誘いを受けた。

私は喜んで参加を希望した。

掲載は毎週火曜日。

タイトルは「南三陸日記」だった。

南三陸日記

二〇一二年春―二〇一二年春

無事で申し訳ありません

被災地では、記者として聞かなければならない質問が二つある。

「ご自宅は?」「ご家族は?」

悲しみの深部をえぐる問いかけに、時折心が砕けそうになる。

渡辺宏美さん(三五)に出会ったときもそうだった。

「申し訳ありません」と渡辺さんは私に向かって頭を下げた。

「家も家族も無事なんです」

高台に建てられた一三〇平方メートルの3LDKは、津波の被害を免れた。

ところが、取材の翌朝、一家は隣の登米《とめ》市に引っ越していった。

断水が続く南三陸町では、津波でスーパーも雑貨店も流され、生活できない。

「何よりね、町を歩いてると、周囲に『あんたはいいちゃね、家も車も無事で』と言われている気がして、時々胸が張り裂けそうになるんです」

先日、少年野球の練習にユニホームを持っていこうとした息子の海くん(一一)を叱った。

「ほかの子は着てないでしょ。もっと考えなさい」

そう言った後、急に涙が出そうになって、息子を背中から抱きしめた。

「ごめんね。何も悪くないのにね」

シャープペンシルで引いたような細い雨が、海辺の町に降り注いでいた。

いつかこの町に戻ってきたい——。

一家は二トントラックを家財道具で満載にして、何度も振り返りながら、がれきだらけの町を走り去った。

作業用ジャンパー

取材先で朝食を頂いた。

大ぶりなお稲荷《いなり》さんと具だくさんの田舎みそ汁。

「作りすぎたから、食べていきんしゃい」

遠藤モト子さん(七八)は、壊滅した民家の軒先に夫婦で小さな小屋を建てて暮らしていた。

おじゃました小さな六畳の部屋の壁には、女性には不釣り合いな一着の大きな作業用ジャンパーがかけられていた。

「ずいぶん分厚いジャンパーですね」と私が言うと、モト子さんは急に寂しそうな表情になって話し始めた。

「こんなこと言うと叱られっけど、私は津波がもっと早く来てくれれば良かったと……」

あの日。激震の直後、夫(七七)や長男(五二)に連れられて、自宅近くの高台に走った。本当に来るのか。半信半疑の中で津波を待った。

「寒いべ。これ着ろや」

周囲に雪虫が舞い始めると、自動車会社に勤める長男は自分が着ていたジャンパーをモト子さんの肩にそっと羽織らせてくれた。

「仕事場、見てくる」

長男はそう言い残し、川沿いの職場へ戻っていった。直後、海岸から黄色い煙が巻き上がった。モト子さんは必死に叫んだ。

「上がれっ、上がれっー」

閑散とした小さな部屋に、みそ汁の湯気が揺れていた。

「このジャンパー、もうしまった方がいいかしら」

モト子さんは目を真っ赤に腫らしてポツリと聞いた。

私は少し悩んでから首を振った。

「ずっと飾っておけばいい」

モト子さんはほっとしたような表情でほほ笑むと、次の瞬間、声を上げて泣き始めた。

5 6
12 13
19 20
26 27
TA

TO

防災対策庁舎

誰のために記事を書くのか。

その命題を忘れないよう、毎朝通う場所がある。

津波で骨組みだけになった南三陸町役場の防災対策庁舎。

危機管理課職員だった故・遠藤未希さん(二四)が、津波の直前まで防災無線で住民に避難を呼びかけ続けた建物だ。

何度も顔を合わせる人がいる。

三浦ひろみさん(五一)。危機管理課の課長補佐として、遠藤さんと一緒にマイクを握っていた夫の毅さん(五一)は、今も行方がわかっていない。

「夫は小学校の同級生でした」

三浦さんはその日も放送室があった二階部分を見上げていた。

「私にとって最高の親友であり、かけがえのない夫でもありました」

あの日、公務員の次男(二〇)は、車の中で防災無線を聞いた。「避難しろ」と必死に叫ぶ父の声に促され、高台に逃げて助かった。

声は「ガガガ」という雑音にかき消された。

「どうしても彼に伝えてあげたいんです」と三浦さんは言った。

「メッセージ、ちゃんと届いたみたいだよって。そして、あなたと暮らせて、私はとても幸せでしたって」


まるで広島の原爆ドームのように、廃墟《はいきょ》になった南三陸の町に建つ。

何を書くべきか。

答えは「現実」が教えてくれる。

Higa

遺体捜索

二葉の写真を見せてもらった。

海で見つかった遺体の写真だ。着衣はなく、肉体は白いロウソクのようにつるんとしていて、男女の区別さえつきそうにない。

宮城県警の幹部が言った。

「機動隊員はね、(遺体が)オヤジやオフクロだと思ってやってますよ。でなければ、とてもできる仕事ではないんです」

被災地では今も、海が時化《しけ》るたびに連日遺体が打ち上げられてくる。捜索現場を訪ねると、あちこちで煙が巻き上がっていた。警察の機動隊員たちは打ち寄せられた流木を燃やし、炎と煙で大量のハエを追い払っている。

「煙たいが、ハエよりはましだ」

強烈な日差しと噎《む》せ返るような煙が、無言の男たちを苦しめる。

懸案がある。

今後、海辺で見つかる遺体が減り始めたときにどうするか。

すでに陸地は捜索し尽くした。残された手段は一つ。

海底を網でさらうかどうか——。

「警察内部にも反対はある」と宮城県警の幹部は打ち明けた。

「いくら亡くなっているとはいえ、身内が網にかけられて引き揚げられることを、家族はどう思うだろうか」


夏が迫っている。

何も遮るもののない海岸で、機動隊員たちを長時間働かせることは不可能だ。

漁港は再開に向けて動き始めている。いずれ、網や養殖いかだに遺体がかかり始める。

「やるなら、今しかないんだ……」

南三陸町の行方不明者は約六〇〇人。

今もこの美しい海のどこかに眠っている。

水のない町

断水が続くこの町の、水の出ない宿泊施設の一室で、日々原稿を書き続けている。

震災から三カ月近くが経《た》った今でも、この町の水道復旧率はわずか一パーセント。

女性たちは毎日、川で洗濯物や食器を洗っている。

水が使えないことで、最も不便に感じるのは排泄《はいせつ》だ。

宿泊施設のトイレが使えないため、屋外の仮設トイレを使う。無意識のうちに排泄を我慢するようになり、水分の補給さえためらいがちになっている。

ある夜、上着を羽織って屋外の仮設トイレにしゃがみ込んだとき、隣の個室で男性のすすり泣く声が聞こえた。

「ちっっっくしょ――」

何度もこらえようとして、それでも思わずこぼれ出てしまった、そんな嗚咽《おえつ》混じりの声だった。

男性がなぜ泣いているのかはわからなかった。声からすると四〇代か五〇代だ。宿泊施設では今も六〇〇人が避難生活を送っている。家族や隣人の前では泣けなかったのかもしれない。深夜の仮設トイレで、急にむなしさがこみ上げてきたのかもしれない。

いつからこんなに鈍感になってしまったのだろう、と私は思った。がれきの町で話を聞く度に、被災者の多くは「大丈夫です」とほほ笑んでくれる。それは、被災の実感を持ち得ない取材者に対する優しさなのだと知っていながら、私はどこかで安心していた。大丈夫、この町は必ず立ち直れる、と。

結局は自分を守りたいだけだったのだ。前へ前へと進もうとすることで、人は過去や現実を振り返らないですむ。私はどこかで、被災地の「優しさ」に心の安住を求めていなかったか。

私に、そしてこの国に、今必要なもの。それはこの国が古《いにしえ》から培ってきた、言葉を介さずに相手の感情をくみ取れる「想像力」なのかもしれない。

入学式と千羽鶴

志津川小学校で一カ月遅れの入学式が開かれた。町外へ転校する児童が相次いだことで、震災前の半分に満たない一二五〇人でスタートする。

入学式の直前、大きな千羽鶴を持って記念写真に納まる父子の姿があった。

町役場に勤務する氏家浩文さん(四六)と新入生の航志くん(六)。千羽鶴にはこんなメッセージが添えられていた。

〈おおつなみにまけないで、いっぱいあそんでください〉

自宅は津波で流された。親類の家に避難したものの、息子のために準備していた勉強机もランドセルもない。

何か少しでも残ってはいないか——。浩文さんは自宅の周りを歩き回った。

見つかったのは、濡《ぬ》れてそり返った「折り紙」の束。浩文さんはそれを持ち帰り、家族全員に呼びかけた。

「折り鶴を折ろう」

電気もテレビもない薄暗い部屋の中で、一羽一羽丁寧に折り続けた。

「それは、私や私の家族にとって、過去や未来について話し合う、かけがえのない時間になりました」

支援物資としてもらった大きなランドセルを浩文さんがポンとたたくと、航志くんは自分の背丈ほどもある千羽鶴を持って一年生の教室へと消えた。浩文さんは手を挙げて何か言おうとしたが、明るい新入生たちのはしゃぎ声にかき消され、航志くんには届かなかった。

命がけの一枚

津波にのみ込まれるその瞬間まで、写真を撮影し続けていた町職員がいる。

加藤信男さん(三九)。企画課で広報を担当していた。

地震直後、書類が散乱する役場内を撮り続けていた。町の様子を撮ろうと外に飛び出したとき、頭の上で声がした。

「津波が来るぞ、すぐ上がれ」

役場の隣に建つ高さ一三メートルの防災対策庁舎の屋上にたどり着いたとき、海の方から黄色い煙を巻き上げて、津波が押し迫ってくるのが見えた。

夢中でシャッターを押し続けた。波高がどんどん高くなり、三階建ての防災対策庁舎の屋上に達しようとしたとき、誰かが叫んだ。

「来るぞ、つかまれー」

慌てて周囲を見回したが、つかまるものが見あたらない。黒い波に足元をさらわれた瞬間、反射的にカメラをジャンパーの内側へと押し込んだ。

「この記録だけは残したい」

薄れゆく意識の中でそう思った。

水中にどれだけいたのかはわからない。ほんの一瞬、波間に顔が浮かび上がったとき、「俺の手につかまれ」という副町長の遠藤健治さんの大声を聞いた。とっさに太い腕につかまったが、体はすぐ水面下に潜り、そのまま意識を失った。

気がついたときには、水の引いた庁舎の屋上にいた。

手すりをつかんだ副町長が、片方の手でずっと離さずにいてくれた。

デジタル一眼レフはジャンパーの内側にあった。本体は使えなくなっていたが、メモリーは奇跡的に当時の光景を写し取っていた。

当時、防災対策庁舎に避難していた職員や関係者は約五〇人。

生き残ったのは、わずか一〇人だった。

一番欲しかったもの

この町で取材をしていると、いくつもの「小さな奇跡」とめぐりあう。

会社員・及川八千代さん(三三)は、志津川駅の裏手のアパートに住んでいた。

震災後、思い出の品を求めてアパートが建っていた場所を必死に探し回ったが、一番大切にしていたものは見つからなかった。

五月下旬、警察署から娘の姫星ちゃん(二)宛てに一通の手紙が届いた。

「拾得物が届いています」

早速、駆けつけてみると、それは泥にまみれて拾得物用のポリ袋の中に収められていた。

優しそうな警察官が及川さんに告げた。

「海を隔てて約四キロも先の港に流れ着いていたようです」

及川さんが一番大切にしていたもの――。

それは姫星ちゃんの母子手帳だった。

母子手帳の余白には、姫星ちゃんの成長の記録が及川さんの字でびっしりと書き込まれていた。

「思い出が戻ってきたというよりも、『よし、お前、頑張れよ』と誰かに言われたような感じがしたんです」

及川さんはうれしそうに話してくれた。

「産む直前の苦しみや、生まれた直後の喜び。そんな感情がよみがえってきて、『私、負けないぞ』と思いました。ここからがまたスタートなんだって」

受け取った母子手帳を開いた瞬間、及川さんは複雑な気持ちになった。そこに記載されていた姫星ちゃんの出生時刻。

地震が起きた時刻と同じ、午後二時四六分だった。

1
2
3
4
5

MASTER

青空コンビニ

廃墟と化した町の中心部に、一軒のコンビニエンスストアがオープンした。

店舗は小さなテーブル一つ。

店員は家族五人とその友人たちだ。

一五年前に営業を始めた「セブン-イレブン志津川天王前店」。

店舗は津波で根こそぎ流された。オーナーの渡辺隆さん(四八)は途方に暮れたが、家族五人はみんな無事なんだと思い直し、とりあえず店を開くことにした。

店舗の駐車場があった場所に小さなテーブルを広げると、体の奥から力が湧いてくるような気がした。冷蔵設備を備えた小型トラックを借り、登米市の系列店から譲ってもらったおにぎりや飲料水などの商品を並べた。「営業中」と書かれた段ボールの看板を高々と掲げると、何台もの車が止まり、工事関係者やボランティアたちが列を作った。

「ありがたいです」とボランティアは言った。

「僕らは炊き出しを食べることができませんから」

がれきを満載したダンプカーが目の前の国道を駆け抜ける度に、周囲は砂ぼこりで真っ白になる。

「津波で一五年間積み上げてきたものが流されました」

天井のないレジで、防塵《ぼうじん》マスクをつけた妻のちはるさん(三八)が笑った。

「でもまた、ここから積み上げていこうと思います」

のぼり立て台
M-40型
1台入
のぼり立て台
M-40型
1台入

娘よ、強く生きなさい

海を見下ろす高台に建つ「南三陸ホテル観洋」の一室。

ここが私の仕事場であり、寝泊まりをする生活の場だ。

ホテルウーマンとして働く遠藤台子さん(五八)は、いつも笑顔で約六〇〇人の避難者らに接している。

「すてきな笑顔ですね」

ある日、私がそう言うと、台子さんは教えてくれた。

「もうすぐ、娘に子どもが生まれるんです」

台子さんの長女・江利香さん(二七)は、震災の六日前に結婚式を挙げた。新郎(二三)が、新居を構える石巻市に婚姻届を出しに行った日、大地が揺れた。

翌日、新郎は遺体で見つかった。近くの祖父母と妹を助けに行き、一緒に津波にのまれたらしい。

四人の遺体の前で泣き崩れる新郎の母(四六)に、江利香さんは言った。

「私をこのまま、お嫁さんにしてくれますか」

二人は改めて婚姻届を出した。

石巻市は六月、「婚姻届は津波で流失した」と判断し、三月一一日付での受理を認めた。

「出産の予定日は七月上旬です」と台子さんは私に言った。

「長女に言ったんです。強く生きなさい、あなたは母親なのよって」

新しく生まれてくる命を、台子さんたちはどんな笑顔で迎えるのだろう。

この家族の「風景」をしばらく日記につづっていきたいと思う。

おなかの子に励まされて

新婚一週間で夫を亡くした奥田（旧姓・遠藤）江利香さんの自宅を訪ねた。

南三陸町と登米市の境にある山奥の実家で、江利香さんは母親の台子さんや長女の玲奈ちゃん（八）と一緒に暮らしていた。

江利香さんは話してくれた。

「今でも時々、全部夢なんじゃないかと思うんです」

夫の智史さん（二三）と出会ったのは四年前だった。

離婚歴があることや、子どもがいることを打ち明けても、「江利香の子なら、可愛《かわい》いに決まっているよ」と笑顔で受け入れてくれた。

友達を大切にしようと、友引の三月五日を選んで式を挙げた。婚姻届の提出は、次の友引である三月一一日に。

前夜、智史さんは照れながら言った。

「明日から夫婦なんだなあ」

当日、激震の直後にメールが入った。

「大丈夫？」

すぐに返信した。

「大丈夫」

それが最後のやりとりになった。

翌日、津波が残した水たまりの中で智史さんの遺体が見つかった。

「どんな子が生まれるんだろうな」

我が子の誕生を楽しみにしていた夫の言葉を思い出し、誓った。

「安心して。私、絶対この子を産んでみせるから」

周囲はセミの声に包まれていた。

江利香さんは私に言った。

「本当は、つらくて何度も死のうと考えました。でも、その度に、おなかの子が『生きよう、生きよう』って蹴るんです」

新しい命

あの日からちょうど四カ月。

陣痛は七月一一日昼に始まった。

奥田江利香さんが入院する宮城県登米市の医院の病室に、夫・智史さんの母・江利子さん(四六)は息子の遺影を持ち込んだ。

「智史、力を貸してね」

汗ばむ江利香さんの手を握り続けた。

待合室で江利子さんは話してくれた。

夫とは離婚している。保険会社に勤めながら、石巻市で食堂を営む両親と一緒に、二人の子どもを育てた。だから津波で家族四人を同時に失ったとき、暗闇に一人突き飛ばされたような気がした。

「生まれてくる子は、私の最後の希望なんです」

七月一二日午後六時、江利香さんが分娩室に移ると、江利子さんは廊下で祈り続けた。

午後七時三二分。産声が響いた。

開かれた扉の中では、体重二九八〇グラムの新生児が、大きなタオルに包まれていた。

女の子だった。


それは一風変わった出産風景だった。

生まれたばかりの女児の周りで、江利香さんと江利子さん、助産師さんまでが目を真っ赤に腫らして泣いている。

江利子さんは生まれたばかりの赤ちゃんを、自分の胸に抱き寄せた。

「生まれてきてくれて、ありがとう」

江利子さんは泣きながら言った。

「これから、いっぱい笑おうね」

小さな命はしっかりと目を開いて、応えるように「おばあちゃん」を見た。

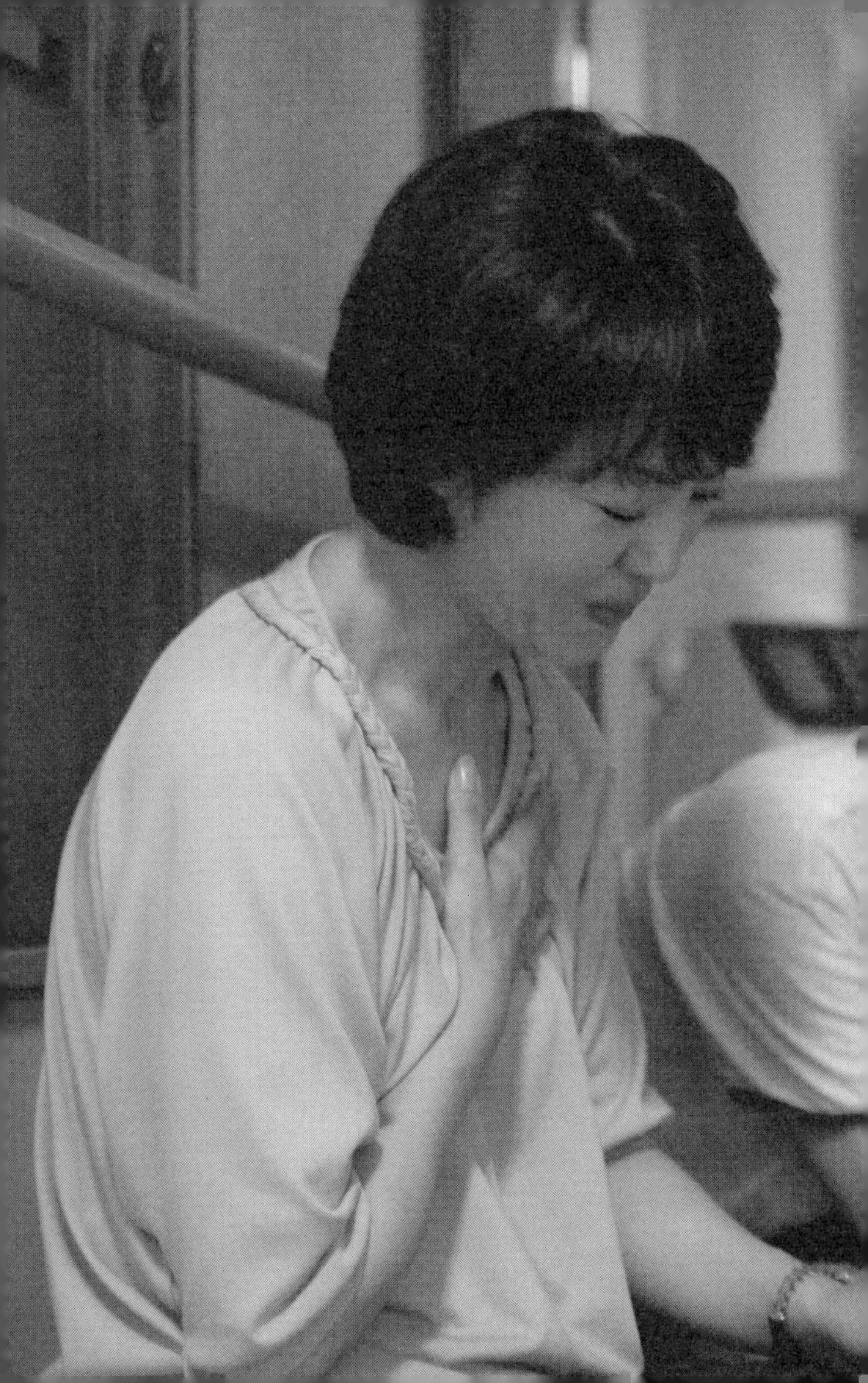

J.U.club

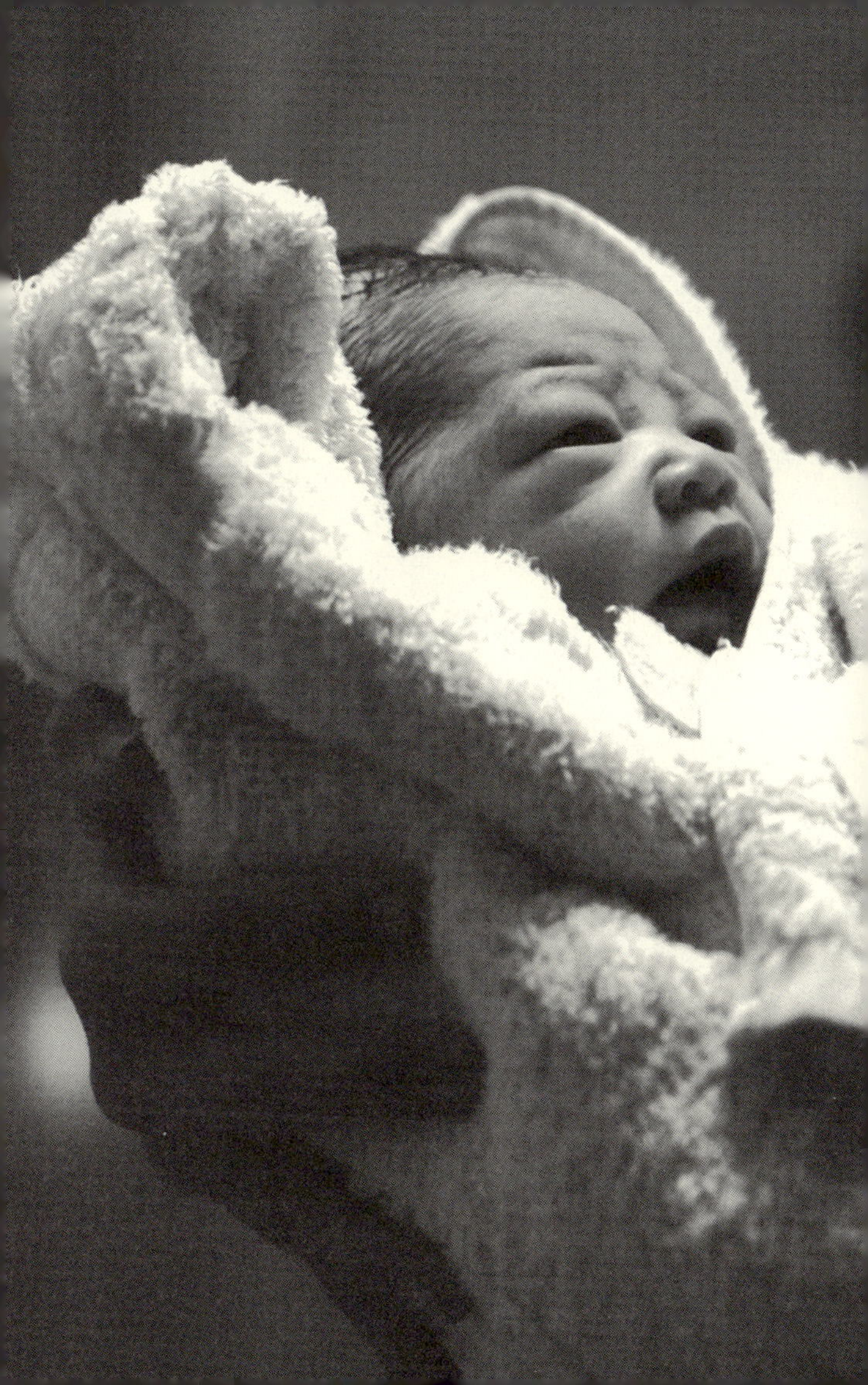

妹の名前

出産から一週間が過ぎ、奥田江利香さんは宮城県登米市の実家に戻った。長女の玲奈ちゃんは今、うれしくて仕方がない。

「名前知ってる？」

妹の顔をのぞき込み、小さな声で教えてくれた。

「『梨智《りさと》』っていうんだよ。梨吏佳《りりか》ちゃんの『梨《り》』に、パパの『智《さと》』なの」

梨吏佳ちゃん(九)については、出産前に江利香さんから聞いていた。

亡くなった夫の智史さんは、江利香さんと交際中、玲奈ちゃんを自分の娘のように可愛がった。食事や買い物に行くときも、玲奈ちゃんが退屈しないよう、智史さんは年の離れた妹の梨吏佳ちゃんを一緒に連れて遊びに来てくれた。

結婚前から、四人は「家族」のようだった。だから、津波で智史さんと梨吏佳ちゃんが亡くなると、玲奈ちゃんはしばらくの間、しゃべらなくなった。

江利香さんの入院中、私は何度か玲奈ちゃんを車の助手席に乗せて病院へと通った。

「また会いたいな」

ある日、玲奈ちゃんが独り言のようにつぶやいた。

「パパ、優しかったんだ。梨吏佳ちゃんも。すごーく」

「寂しい？」と私は前を向いたまま尋ねた。

「うん」と玲奈ちゃんは小さく答えた。

「でも、いいんだ。ママも言ってた。梨智が生まれてきたから、もうそれでいいんだって。そうなんでしょ？」

私がうなずくと、助手席の小さな横顔が安心したようにほほ笑んだ。

光

奥田江利香さんにとって七月三一日は特別な日だった。

石巻市の旧北上川で開かれる「川開き祭り」。

夫の智史さんと毎年通った思い出のお祭りだった。

「彼に言われたんです。毎年一緒に来ようなって」

ここに来れば、会える気がした。

今年は宮城県内の犠牲者にちなみ、約一万柱の灯籠が流されることになっていた。

遺族に頼んで灯籠に名前を書いてもらい、主催者側がそれを市内四カ所のポイントから流す段取りだった。

「あっ」

灯籠流しの開始直前、江利香さんが小さく叫んだ。

ボランティアによってトラックから川辺へと降ろされる無数の灯籠のなかに、智史さんの名前を見たのだという。駆けつけてみると、それは確かに智史さんの灯籠だった。

奇跡は続いた。江利香さんはその後も、まるで砂浜から小石を探りあてるように、智史さんの祖父母や妹の梨吏佳ちゃんの灯籠も次々と見つけ出したのだ。

「みんなきっと、お別れを言いに集まってきたのよ」

江利子さんはもう涙で両目がいっぱいになっていた。

「奥田智史」と書かれた灯籠を、江利香さんはゆっくりと川に放した。

「生まれてきた赤ちゃん、あなたに面影がそっくりなのよ」

泣き出しそうになりながら、淡い光に語りかける。

「行かないで。話したいことがたくさんあるの」

光はゆらゆらと揺れながら、波間でほんの少しだけ止まった気がした。

もう一つの甲子園

甲子園の熱闘が続いている。

津波で校舎が壊滅した戸倉《とぐら》中学校の生徒たちが間借りしている登米市の市営グラウンドでも、毎日、金属バットの音が響いている。

「こらっ。そんなフライも捕れないんじゃ恥ずかしいぞ」

この春に野球部の顧問になったばかりの菊田浩文さん(四九)は、グラウンドを駆け回って檄《げき》をとばしている。

「勝たせてやりたいんです。こいつらに」

菊田さんは私ににこりとほほ笑んだ。


あの日。津波は高台にある中学校の校庭にまで押し寄せた。

生徒を裏山に避難させた直後、お年寄りの夫婦が校庭に取り残されているのが見えた。

野球部の顧問だった猪又聡さん(四三)と一緒に救出に駆けだした。

夫婦の手を引いて山へと押し上げようとした瞬間、突然黒い波に頭からのまれた。水を飲み、もがきながら、必死に木の枝を両手でつかんだ。

水面に顔が出たのは数分後だった。

猪又さんは帰らなかった。

「私と彼が入れ替わっても不思議じゃない状況でした」

四月、猪又さんが務めていた野球部の顧問を引き継いだ。

「彼はいつも言ってました。あのとき、俺は頑張った、そう思える自信を生徒につけさせてやりたいと」

菊田さんも両親や自宅を失った。それでも葬儀の日以外はほとんど休まず、夏休みも野球部の指導に通っている。

なぜ、そこまで——。

私が尋ねると、菊田さんは少しの間考えて言った。

「何かに一心に打ち込める。それは最高に幸せなことなんだと、生徒も私も気づいたんです」

四十一年目のクロスプレー

一九六九年夏のアサヒグラフの表紙に、一枚の高校野球の写真が掲載された。えびぞりになって本塁に滑り込む仙台商業（宮城）の走者と、体を張って阻止する御所《ごせ》工業（奈良）の捕手。クロスプレーの結果は「タッチアウト」だった。

泥だらけの走者は、東日本大震災で陣頭指揮にあたった南三陸町長の佐藤仁さん(五九)。

そんな町長のもとに最近、一通の手紙が舞い込んだ。差出人の名前に覚えはない。文面を読んで驚いた。アサヒグラフの表紙を共に飾った御所工業の捕手・久保貢さん(五九)からだった。

あの瞬間を覚えている。

夢にまで見た甲子園の初戦。六対三とリードして迎えた九回表。一死一、二塁で、サインは「バント・エンド・ラン」。二塁走者だった佐藤町長は三塁を蹴って本塁を狙った。

「悔しかったなあ」と佐藤町長は言った。「相手の捕手が大きく見えたんだ」

私は久保さんに電話をかけた。

「私も覚えています。雨の試合でした」

久保さんは懐かしそうに振り返った。

高校卒業後、ふるさとの製薬会社に四〇年勤めた。お盆で集まったかつての野球部員に、あの走者が被災地で町長になっていると聞き、すぐに励ましの手紙を書いた。

「あの日負けた悔しさが、私の人生最高の宝になっています」

二人に聞いた。

甲子園で学んだことは何ですか――。

佐藤町長は答えた。

「チームプレー。負けてたまるか」

久保さんは言った。

「生きていることのすばらしさ。人を思いやる心」

旅立ちの歌

高台の小さな神社を訪れた。
杉の木立に囲まれた境内はひんやりとした空気に包まれていた。
今、ここを多くの住民が参拝に訪れる。
戸倉小学校の校長・麻生川《あそかわ》敦さん(五四)もその一人だ。

あの日、九一人の児童と学校近くにあるこの神社に避難した。
到着して二〇分後、津波は三階建ての校舎をのみ込んだ。
夜、雪が降り始めた。
低学年はほこらの中で体を寄せ合い、高学年は外でたき火にあたって一夜を明かした。
「今夜はキャンプファイアだ。歌うぞ」
六年生の担任が声をかけると、子どもたちは力いっぱい歌を歌った。
卒業式のためにみんなで練習していた歌。
川嶋あいさんの「旅立ちの日に…」。

〈思い出の校舎と別れを告げ
今新たな扉開き
はるかな年月経て
つぼみから花咲かせよう——〉

八月二一日、戸倉小学校は、間借りしている登米市の廃校で、五カ月遅れの卒業式を開いた。式には川嶋あいさんも駆けつけ、二三人の卒業生は両目に涙をためながら、あの夜励まし合って歌った曲を口ずさんだ。

水につかった卒業証書を広げる卒業生の横で、麻生川さんは涙ぐんでいた。

「子どもたちを無事中学に送り出せることが、これほどうれしいこととは思わなかった」

卒業証書
右は小学校の全課
程を修め卒業した
ことを証する
平成二十三年三月十八日
宮城県本吉郡南三陸町立戸倉小学校長
麻生川敦
ことを証する
平成二十三年三月十八日
宮城県本吉郡南三陸町立戸倉小学校長 麻生川敦
第三九八〇号

卒業証書
右は小学校の全課
程を修め卒業し
ことを証する
平成二十三年三月十八日

コンソレーション

約六〇〇人の被災者が避難生活を送る「南三陸ホテル観洋」。そのフロントロビーで、あるピアノのリサイタルが開かれた。

演奏された曲目は、「慰め」を意味するリストの「コンソレーション」。谷口博章さん(四二)は集まった観客に短くお礼を述べた後、海に向かってゆっくりとお辞儀し、両目を閉じて鍵盤の前に腰を下ろした。

国内外で数々の受賞歴を持つ実力派ピアニスト。本職は兵庫県西宮市の職員だ。広報課に約一〇年勤務した実績をかわれ、震災発生直後、南三陸町に広報担当者として派遣された。

苦い記憶があった。

入庁翌年に経験した阪神淡路大震災。メディアは神戸ばかりを取り上げ、忘れ去られた西宮は復興が遅れた。

「惨状を正確に伝えることが、復興のスピードを決める」

そんな教訓をもとに、毎日開かれる町長の記者会見を即座にインターネット配信し、「攻めの広報」の土台を作った。

広報業務にあたりながら常に気になっていたことがあった。

自分にしかできないことがあるはずだ――。

帰任直前、「どうかピアノを弾かせていただけませんか」と申し出た。

「二週間もピアノに触れなかったのは人生で初めてでした。でも、どうしてもここで弾きたいと思ったんです」

防災服のまま、避難所となっていた中学校の体育館でピアノを弾いた。

ホテルでの演奏後、ピアノの周りには南三陸町職員が駆け寄り、握手と笑顔が広がった。

つらさや切なさといった感情を共有し、それを音に変えて伝えていく。

そんなピアニストになりたい、と心から思い始めた。

駐車場の教室で

授業の遅れを取り戻そうと、子どもたちが必死で勉強を続けている。教室は、観光客が途絶えた観光名所の駐車場だ。

取材帰りに通りかかると、数人の子どもたちがアスファルトの路面に尻をつき、縁石を机にしてノートを開いていた。

「九九は今のうちに覚えておこうね」

先生役を務める元教師の高山土実子さん(六三)に優しく言われると、九九が苦手な小学三年生の遠藤大空くん(九)は、恥ずかしそうに頷《うなず》いて笑った。

高山さんは当初、NPOのボランティアの一員としてがれきの撤去に加わっていた。

ある日、「子どもの勉強を見てほしい」と地域の人から頼まれた。四月になっても学校が始まらない。大人は自宅の復旧などで忙しかった。

NPOがテントを張っていた駐車場の一角で、犬と一緒に勉強を教え始めた。学校が再開した後も、子どもたちは放課後になると駐車場に集まってきた。

避難所や仮設住宅では、静かに勉強できる場所がない。日が暮れてノートの文字が見えなくなるまで、子どもたちは縁石の机で勉強を続けた。

七月、NPOの撤収とともに高山さんは自宅のある山梨県に帰ることになった。

「駐車場学級」が閉鎖される日、高山さんは大空くんと約束をした。

「九九は全部覚えようね。電話で勉強を続けるからね」

夏休み。大空くんは高山さんに電話で教えてもらい、約束通り九九を全部マスターした。八月、高山さんは合格証と記念品のシールを持って、再び大空くんのもとを訪れた。

「よくやったね。これからも勉強頑張るんだよ」

高山さんの言葉に、大空くんはあの日と同じようにはにかんだ。

李生子の夏

定時制高校一年の舟山李生子《りうこ》さん(一五)はこの夏、被災地の現実を学ぼうと南三陸町を訪れた首都圏の子どもたちの前で、自らの被災体験を語るボランティアを務めた。

私が彼女と初めて会ったのは七年前。

取材した旧・鳴瀬町(現・東松島市)の全寮制フリースクールに、小学三年だった彼女は不登校児として入寮していた。明るく絵が好きな面と、几帳面《きちょうめん》で少し影がある面を併せ持つ印象的な少女だった。

あの日、スクールの子どもたちは海の水が引いたのを目撃すると、施設住み込みのお年寄りらを助けて校舎の二階へと避難した。津波が押し寄せ、近所の女性が流されると、所有のボートを浮かべて救助に向かった。救助した女性は虫の息だった。舟山さんは一晩中、女性の体温が下がらないよう、両手で肌をさすり続けた。翌日、女性は息を吹き返した。

「この震災でわかったことがあります」と舟山さんは子どもたちの前で力強く言った。

「私は女で子どもで力もないけど、ちゃんとできることがある」

そして最後にひと言つけ加えた。

「私、なれるなら、将来、介護や看護の仕事に就きたい」

私は驚いて彼女の顔を見た。

彼女は私を見返し、小さく「うん」とうなずいた。

私は涙が出そうになった。

学校に行けずに苦しんでいた七年前の少女は、もうそこにはいなかった。

天国への花火

七月に次女を出産した奥田江利香さんの長女玲奈ちゃんは、この夏どこにも行けなかった。江利香さんは赤ちゃんの世話で忙しかったし、亡くなった夫智史さんの初盆の準備もあった。

一家は、登米市の山奥に住んでおり、半径三キロに他の子どもはいない。玲奈ちゃんはずっと一人で、「日記に書くことが何もないんだ」とつまらなそうだった。

八月下旬、私は花火を持って山奥の一軒家を訪れた。

玲奈ちゃんは大喜びで、まだ暗くならないうちから軒先に花火を並べ、お店屋さんごっこを始めた。

「どれがほしい？」

「この花火きれいそうね」

一人二役で客と売り子を演じて遊んだ。

夕日が山に隠れると、線香花火から火をつけた。

火花が散る度に、窓際で妹を抱いて座っている江利香さんに走って見せにいく。

「ほら、きれいでしょう」

そうだ――。

玲奈ちゃんは何かを思いついたように立ち止まり、手持ち花火に火をつけるとぶんぶんと振り回し始めた。

「ママ、これならパパも天国から見えるよね」

農作業から帰ってきたひいばあちゃん(七八)が笑って言った。

「玲奈、きれいだねえ。パパの送り火やってんのかい」

私は玲奈ちゃんにカメラを向けた。

山には秋の風が吹き始めていた。

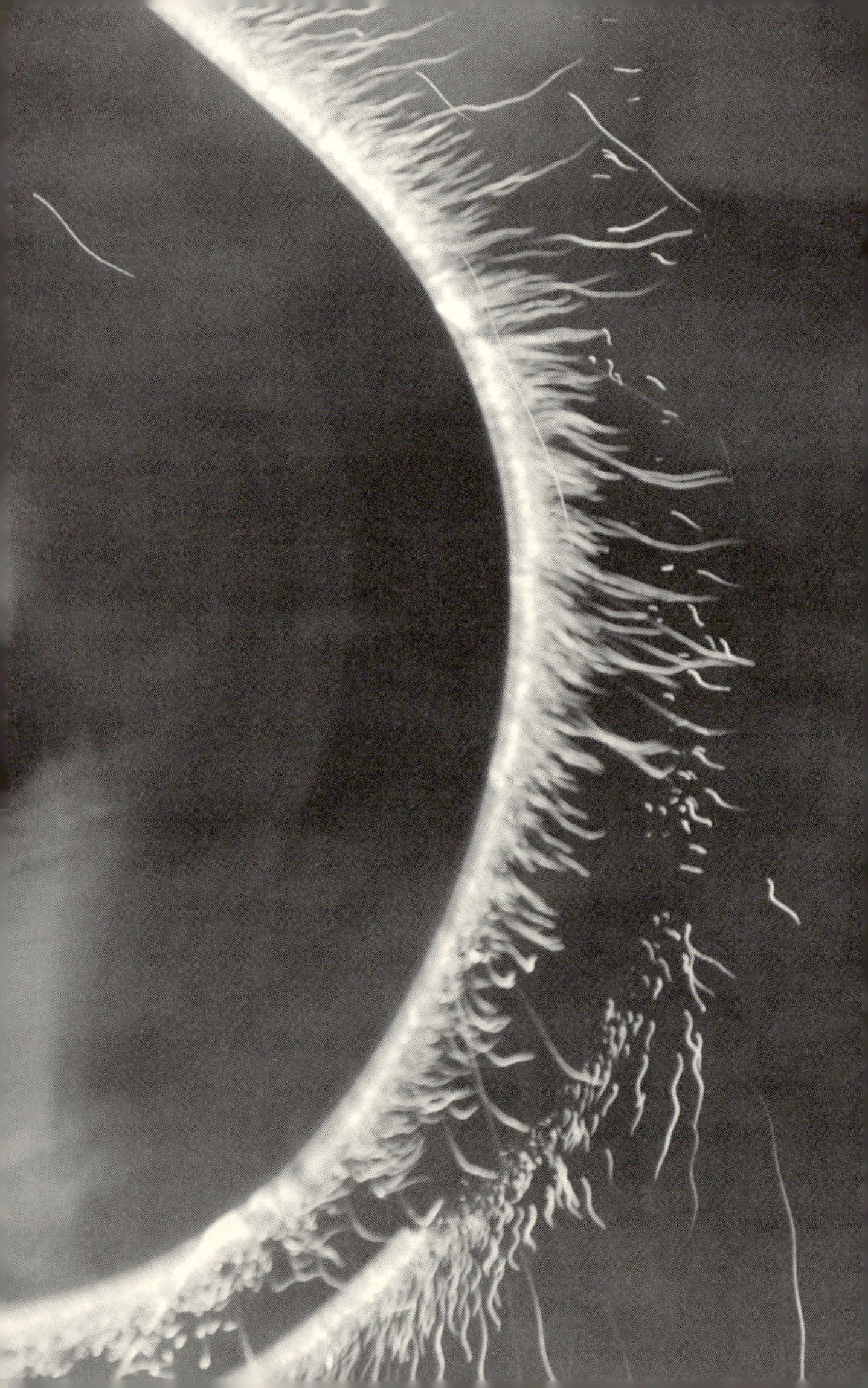

観光ホテルの自習室

私が寝泊まりしている「南三陸ホテル観洋」には、「てらこ」という名の自習室がある。

仮設住宅暮らしで勉強部屋が持てない子どもたちのために、二〇畳の和室を開放し、ボランティアの学生が勉強を助けている。

夜、取材帰りに部屋をのぞくと、いつも同じ顔がある。

気仙沼高校三年の西城国琳《こくりん》さん（一九）。仮設住宅からホテルに通い、午後一一時まで座卓に向かう。

「どうしても合格したいんです」

自宅は津波で流された。父は定年退職し、母はパート。経済的な理由から私大には進めず、浪人もできない。

一時は進学も諦めた。被災直後は体育館暮らし。再開した高校へは津波で流失したJR気仙沼線の代替バスで往復四時間もかかる。それでも毎日、病身の母がホテルに送り迎えしてくれる。

「津波がなかったら、と何度も思ったけど、もう振り返らないと決めた。

受験で津波は言い訳にならないから」

「てらこ」を主宰する小楠あゆみさん(四六)は今、被災地の子どもたちを進学させようと必死だ。ボランティア学生にはセンター試験の過去問を解いてもらい、正解率が八割五分に達しない場合、サポート役はさせない。

震災直後、東京からトラックに乗ってボランティアに駆けつけ、小学校の体育館に泊まり込みながら、学校が始まらずに時間を持て余していた子どもたちに勉強を教え続けてきた。

「子どもたちは真剣なんです。津波に将来まで奪われるなんて悔しすぎるじゃないですか」

アフリカで貧しい子どもたちを救う——。

そんな西城さんの夢を、みんなが支えている。

居酒屋「民家」

南三陸駐在はこれまで、お酒を飲むことができなかった。津波でタクシー会社が流されたため、事件や事故などの急な取材の際には自分で運転して行かなければならなかったからだ。

最近、タクシー会社が本格的に営業を再開したので、早速、町に数軒しかない「居酒屋」に出掛けてみることにした。

山あいの入谷地区にある「食通さとみ」。見た目は完全に一般の民家だ。引き戸を開けて、玄関で靴を脱いであがる。テレビの置かれた茶の間が「店内」だ。座布団に腰を下ろすと、「おかえり」と台所から店主の佐々木真さん(三九)が顔をのぞかせた。

三〇年前、母さとみさん(七〇)が町の中心部に開いた店だった。店舗兼住宅が津波で流され、母は閉店を決意した。直後、常連客から再開を求める声が上がった。

「避難所では酒も飲めず、愚痴も言いにくい。本音で何でも話し合えたあの店をもう一度作ってくれないか」

佐々木さんは福祉関係の仕事を辞め、被災を免れた妻の実家で、店を再開することにした。

「被災者はみんなそうなんです」と台所で佐々木さんは静かに言った。「誰かの役に立ちたいと思っているんです。被災の悲しみや復興の苦しみを吐き出せる、そんな居酒屋が今の町には必要なんじゃないかと私は思って……」

佐々木さんの手料理を食べながら、久々の日本酒を飲んでいると、心がほんのりと温かくなった。

復興へ
頑張ろう！
みやぎ
Asahi

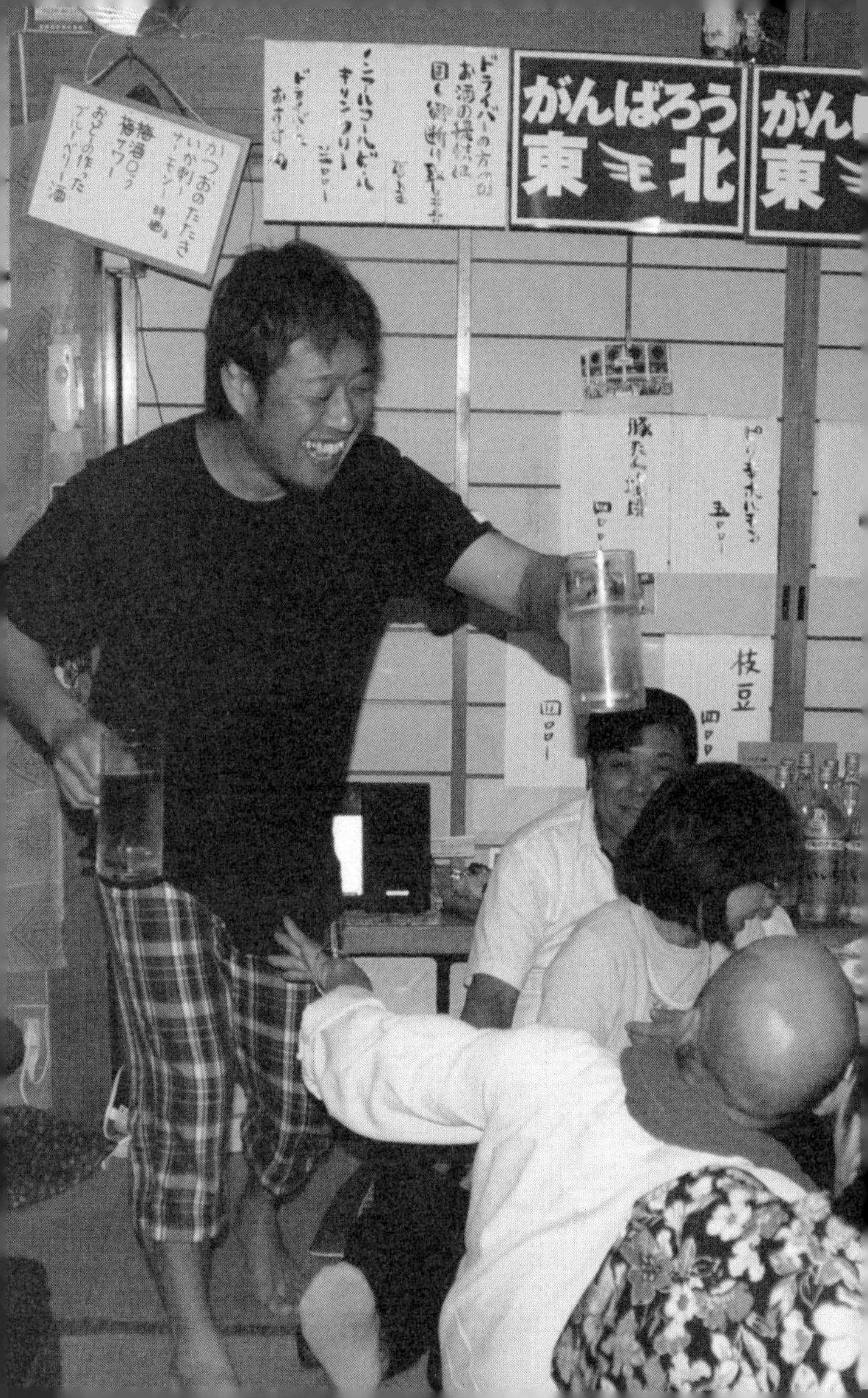
がんばろう
東北
がん
東
かつおのたたき
梅酒ロック
梅サワー
おとーの作ったブルーベリー酒
ドライバーの方のお酒の提供は固く御断り致します
枝豆

がれきの道をつくった男

震災の二日後に初めて南三陸町に入ったとき、私は二つのことに驚いた。
一つは海から三キロも離れた集落が、がれきの山で覆われていたこと。
もう一つは、そのがれきの中にすでに、人が通れるほどの一筋の道ができていたことだった。

その「がれきの道」を作ったという人がいると聞き、訪ねてみることにした。

大山正昭さん(四六)。地元工務店の作業員だ。

「大したことはしてない」と少し恥ずかしそうに話してくれた。

激震の日、母(七五)を連れて山へと逃げた。

直後、町はがれきで埋め尽くされた。

「これじゃ、救助が入ってこられない」

津波の二時間後にはもう無傷だった重機で道路上のがれきの撤去に乗り

出していた。

夜、プロパンガスの漏出する音が響く中、重機の明かりだけを頼りに作業を進めた。一睡もせずに翌日も作業を続け、内陸部から町中心部へとつながる約四キロの道を作った。

「やるかやらないか。結局は自分自身の問題なんだよ」

消防士、警察官、自衛隊員、土木作業員。

被災地で尊敬を集めているのは、決して雄弁とは言えない男たちばかりだ。

母は握り続けた

津波で壊滅した南三陸町の折立《おりたて》へと向かう山道に、荒町という集落がある。

「この地区の女衆はあの日、一日で二千個のおにぎりを握ったんだ」

そんな話を耳にした。

激震の直後、壊滅した家屋の残骸は海岸から三キロ離れた荒町地区のすぐそばまで押し寄せた。

防火婦人クラブの母親たちはすぐに動いた。民家を回って米を集めると、ガス炊飯器を集会所へと運び込んで、一斉におにぎりを握り始めた。

両手を常に動かしながら、耳だけは男たちの話す声に向いていた。

「学校は壊滅状態だ」

若い母親たちは、米粒だらけの手で顔を覆った。

翌朝、吉報が飛び込んだ。

「子どもたちが生きている。山に登っている」

その声に母親たちは跳び起き、再びおにぎりを握り始めた。がれきの山を越えて戻ってくるには体力がいる。夜は何も食べていないに違いない。

「帰ってこい、帰ってこい」

母親たちは子や孫の姿を思い浮かべ、数百個のおにぎりを握ると、山へと向かう男たちのリュックに詰め込んだ。

数時間後、子どもたちは山の上でおにぎりを一人半分ずつ食べ、がれきを越えて荒町に戻った。

戸倉中学校二年の西條一輝さん（一三）はうれしそうに振り返った。

「ちょっとしょっぱかったけど、最高にうまかった」

その味を子どもたちは生涯忘れることはないだろう。

警察官の家

震災から半年が過ぎ、宮城県警の公葬が終わるのを待って、私は殉職したある警察官の自宅を訪ねた。

呼び鈴を鳴らして名前を告げると、短い空白があって、扉が開いた。奥さんは涙ぐんでいた。

遺影の前で両手を合わせた後、食卓に招かれ、いつもの場所に腰を下ろした。駆け出し時代の四年間、私はこの家で毎晩のように夕食を食べた。

何一つ変わらないリビング。

警察官だけがいない。

「津波の数日前でした」と奥さんは言った。

「三浦さんのことを主人は話していました。きっと立派になってるんだろうなって」

その一言で、こらえ続けていた涙があふれた。

弱い女性や子どもを守る仕事を誇りに思い、警察官としていつも全力で管内を駆け回っていた。「職業は違うが、目標は一緒だ」と何度も肩をたたかれた。

数年後、東京本社に異動した私は、気がつくと、ありふれた記者の一人になっていた。だから、ここに来られなかった。

怖かったのだ。今の自分を見せることが。

最期は女性を助けようと濁流にのまれた、と聞いた。

「どうして……」と仏前で言いかけて、彼の口癖を思い出した。

「悩んだら、なぜその職業を選んだのかを考えろ」

帰りの車の中で、私は大声をあげて泣いた。

涙は次から次へとあふれ出てきた。

MIYAGI

警察官が愛用していた宮城県警のTシャツ

運動会とサプライズ

津波で校舎が壊滅した戸倉中学校で運動会が開かれた。

会場は間借りしている登米市の廃校近くの体育館。

当初は校庭で開く予定だったが、台風の接近で前夜に突然雨が降り、グラウンドがぬかるんでしまった。

震災後初めて迎えた一大行事だった。

体育館には大漁旗が飾られ、生徒たちが大縄跳びを跳んだり、保護者と一緒に障害物リレーで走ったりする度に、会場からは大きな拍手が送られた。

プログラムの終盤、来てくれた父母のためにと生徒たちから創作ダンスが披露された。

子どもたちは、カタカナやアルファベットの一文字をプリントしたTシャツを着て、会場に入ってきた。最初はそれらが何を意味するのかわからなかったが、曲のクライマックスで生徒が一列に並んだとき、一文字一文字が意味を結んだ。

「I LOVE ミナミサンリクチョウ！」

生徒たちが考えたサプライズなんです、と近くで見ていた教師が言った。


津波で地域が壊滅し、同級生や恩師が亡くなった。

それでもふるさとを愛していると、生徒たちは書いていた。

観客から大きな拍手がわき起こり、しばらく続いた。

私はこの町で取材ができることを、心の底からうれしいと思った。

悲しみの塔

津波で骨組みだけになった町の防災対策庁舎が取り壊されることに決まった。

津波被害の「シンボル」として報道され、全国から慰問者や献花が絶えないこの建物を保存するのか、解体するのか。町は最後まで悩み続けた。

「津波の悲惨さを後世に語り継ぐために残すべきだ」と有識者は指摘した。

「見る度につらい思いがよみがえる」と町職員の遺族は反対した。

佐藤仁町長も最初は残す方に賛成だった。

「あの建物が町の中心に残っている限り、人は低地に下りてこないと思ったんだ」

この町はこれまでに何度も壊滅的な被害を受けてきた。

明治三陸津波（一八九六年）では一二四〇人、昭和三陸津波（一九三三年）では八七人、チリ地震津波（一九六〇年）では四一人が亡くなっている。

津波で町が壊滅する度に、人々は一度高台に上がる。しかし、時間と共に人々の記憶が薄れると、三陸の豊かな海の幸に引っ張られて、海辺に下りてきてしまう。

高台移転と低地移住。悲劇はそのサイクルによって周期的に繰り返されてきた。

立派な展示施設を造っても、文章や映像で残しても、記憶を継承していくことは難しい。百年という時間の流れの中で、「事実」は確実に薄らいでいく。

避難所が消え、がれきが少しずつ撤去され、「被災地」はどんどん目に見えなくなっていく。

記憶を未来にどうつなげるか――。

被災地は今、難しい問題に直面している。

富士急行

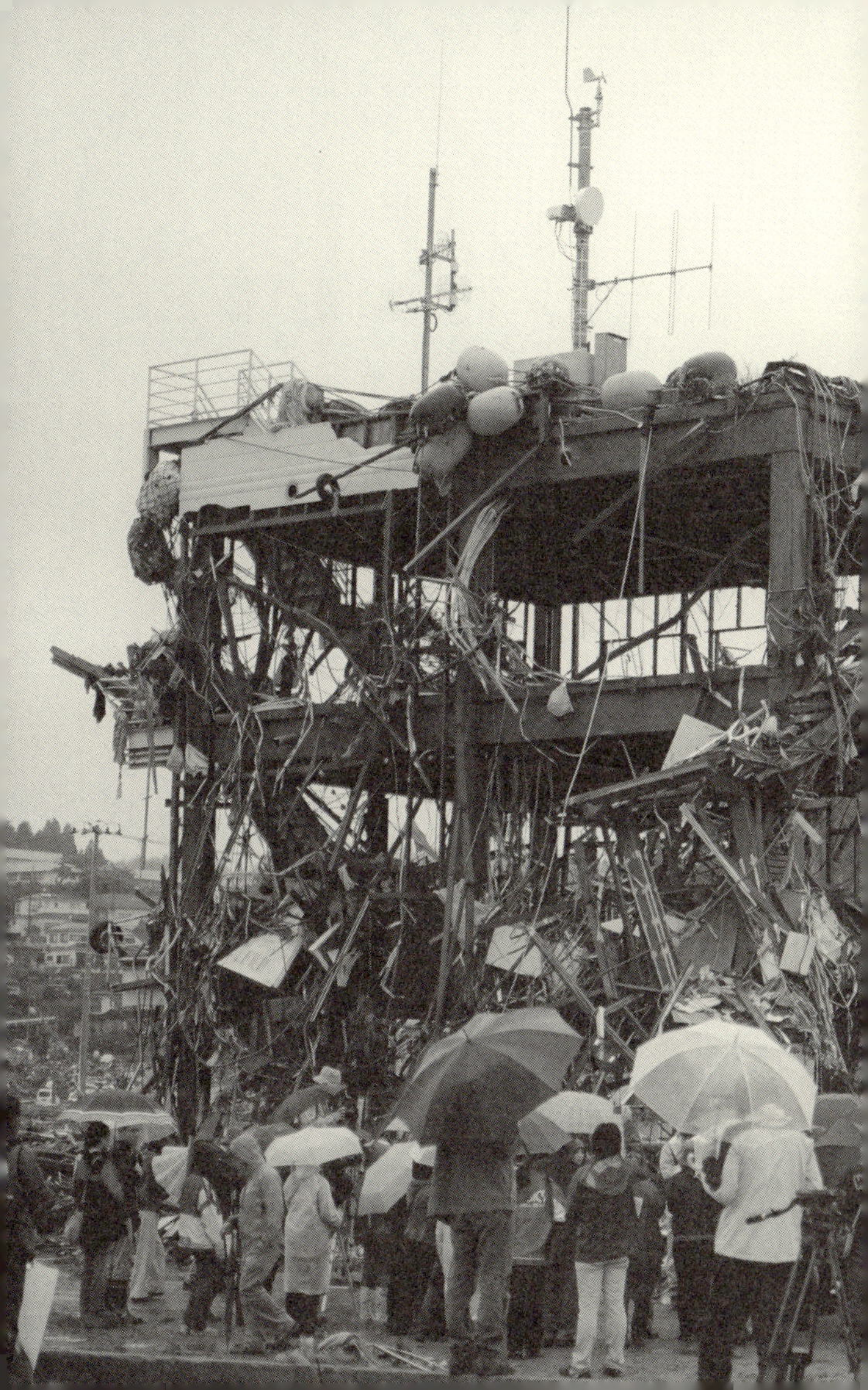

コンビニって何だろう

がれきの中で営業していた「セブン－イレブン志津川天王前店」が、プレハブの仮店舗で営業を始めた。レジには連日長蛇の列ができている。震災から半年、依然食料品を買える店がほとんどないこの町では、このコンビニが命綱だ。

渡辺さん一家はこれまで、炎天下で小さなテーブルを広げてきた。天井のないレジでは、なじみの客が懐かしい友人のように見えたという。家族の安否、生活の見通し、職場の状況……。何げない会話を通じて、今生活に必要な物は何かが、手に取るようにわかった。

七月下旬、駐車場跡地に仮設店舗用の資材が運び込まれたとき、妻のちはるさんは私に言った。

「うれしい反面、なんか寂しいっていうか。大事なものを失う気がして……」

仮設店舗のオープン後、陳列する商品は大きく変わった。作った野菜を置いてほしい、と最初に店を訪れたのは、町内の農家だった。直販所やスーパーが流され、作物を売る場所が消えていた。

売れ筋も変化した。震災前は弁当やドリンクが主力だった。青空店舗では栄養ドリンクやビタミン剤がよく売れた。今は仮設住宅の仏壇に供える線香と花だ。線香は一日一〇〇セットも売れる。

爪切りや食器洗いのスポンジなど、家にあるのが当たり前のものも頻繁に売れていく。レジに立つと、生活のすべてを押し流した津波の冷酷さが見える。

店長の隆さんは以前、コンビニは単に商品を売る店だと思っていた。でも、今は違う。地域の人とつながりあって、確かに復興の足がかりにもなっている。

「最近よく考えるんですよ」と隆さんは私に漏らした。

「コンビニって、いったい何なんだろうって」

ELEVEN
たばこ
酒

仮設トイレは
こちらです
ELEVEn

トランジスタラジオ

夕暮れどきの仮設住宅に、プロ野球日本シリーズの実況中継が流れていた。

畠山扶美夫さん(六二)は、妻が手作りした煮染《にし》めを口にしながら、旧式のトランジスタラジオをいとおしそうにぽんぽんとたたいた。

背面には「一九六九」のステッカー。

使い続けて四二年になる。

あの日、家から持ち出せたのは二つの電化製品だけだった。

旧式のトランジスタラジオと、還暦祝いに息子たちから贈られたデジタルカメラ。

後者は役に立たなかった。自宅が流されるのを目撃したときも、避難所で知人が泣き崩れるのを見たときも、カメラを向ける気にはなれなかった。

ラジオは便利だよ、と畠山さんは私に言った。

避難所では、ちゃんと災害情報を伝えてくれた。仮設住宅に移ってからは、失った「思い出」を届けてくれる。音質の悪いスピーカーが奏でる懐かしい音楽やプロ野球の歓声に耳を傾けていると、結婚し、家を建て、必死に子どもを育てた四二年間が目の前によみがえってくる。

仮設住宅で自治会長になったとき、人前では泣かないと誓った。名前を尋ねると「吉永小百合」と笑って答える隣人は、津波で娘を亡くしている。家族を全員失った人だっている。

前を向こう。それがみんなで決めたスローガンだ。

それでも、どうしても涙が出そうになったときは、部屋に戻って旧式ラジオのスイッチをひねる。

泣き声が隣近所に聞こえないよう、音楽番組の音量を上げる。

7 8 10 12
MEGA CYCLES
10 12 14 16
×100 KILO CYCLES

3.8
4.5
M W
54
6
7

きれいになること

　フランスの高級ブランド「シャネル」が、南三陸町で被災者向けの無料メーキャップサービスを開いた。

　詰めかけた女性たちは、専属スタッフから高級化粧品を使ったサービスを受けながら、手鏡を何度ものぞき込んだり、恥ずかしそうにほほ笑んだり。

　会場はうきうきした気分に包まれ、ここが被災地であることを忘れかけた。

「いくつになっても、キレイはやっぱりいいもんだ」

　満面の笑みを浮かべて話す八八歳の沼倉ふみ子さんを、ほほ笑みながら見つめている女性がいた。名前は聞けなかったが、津波で夫を亡くした三〇代後半の方だった。

　周囲の目が気になり、避難所でも、仮設住宅でも、化粧をする気になれなかった。

ある日、友人に言われた。

「いつかは再婚しなきゃダメだよ。幸せにならなくっちゃ」

再婚について考えないこともない。でも、その度に亡くなった夫に対して罪悪感や申し訳なさを感じてしまう。

この先、どうすればいいんだろう――。

思い悩んでいたある日、母親がホテルでの無料イベントを聞きつけてきた。

「シャネルだって。一緒に行こうか」

どうでしたか、と私が尋ねると、彼女は化粧を終えた自分の顔を鏡に映して照れくさそうに答えてくれた。

「少しきれいになったかも」

そして、こう続けた。

「早く帰って、仏壇の前できれいな姿を見せてあげたいと思います」

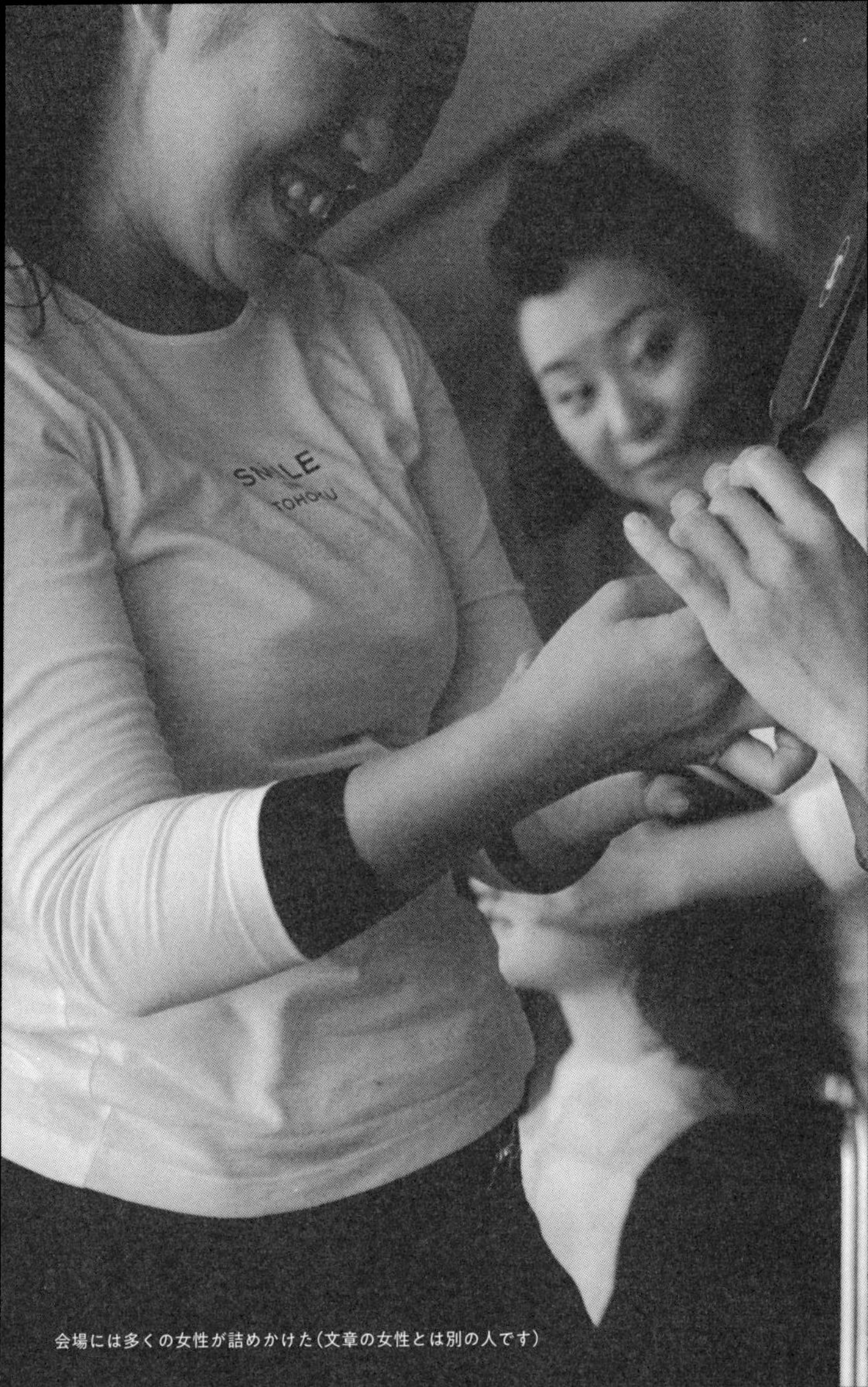

会場には多くの女性が詰めかけた(文章の女性とは別の人です)

トランペットの少年

震災直後、南三陸町の戸倉中学校で、避難してきた住民を助けようとして濁流にのみ込まれた教師がいる。

猪又聡さん。

両親は震災四日後、校長から息子の死を聞かされたとき、「今はあんたがしっかりしなきゃ」と逆に校長を励ましたと聞いた。なぜ、そこまで毅然《きぜん》とした態度がとれるのか。会って、話を聞きたいと思った。

猪又清さん(七八)と貞子さん(七九)は、築四〇年の自宅で私を温かく出迎えてくれた。

二人の経歴を聞いて、抱いた疑問の答えが少しわかった気がした。清さんは元中学教師、貞子さんは学校の元栄養士だった。

「親としては、つらいです。でも、教育者としては、息子は当然のことをしたと思っています」

トランペットが大好きな少年だった。息子が自分たちと同じ道を志し、「子どもは周囲の大人たちを見ながら育つ。俺もそうだったから」という言葉を聞いたとき、二人は心底うれしかったという。

行政から受け取った災害弔慰金の大半は、戸倉中に寄付した。

「聡は四三年間しか生きられなかった。やり残したことを、次の子どもたちに受け継いでほしい」

それが貞子さんの願いだった。

「記者さん、どうかこう書いてください」

帰り際、私は清さんに呼び止められた。

「政府は子どもたちに借金ばかり残さないでほしい。次世代に残すのは、夢や希望であるべきだ、と」

死に神によろしく

両親と二人の子どもを亡くした奥田江利子さんが一〇月上旬、仙台市内の病院に入院した。乳がんだった。

手術後、私は江利香さんや生後四カ月の梨智ちゃんと一緒に病室にお見舞いに行った。

「全然大したことないのよ」と江利子さんは意外にも元気そうだった。

九月の検診で乳がんを宣告され、その場で乳房の切除を申し出たらしい。津波で自宅を流され、両親と二人の子どもを一気に失った。乳房なんていくらでもくれてやるわ。そう思ったという。

「死に神さんね、私をどうしても向こう側に連れていきたいらしいんだけど、まだやらなきゃいけないことがあるのよね」

体重が六キロに増えた梨智ちゃんを、いとおしそうに抱きしめながら言った。

「この子たちが安心して住める家を造って、一から生活を立て直すのよ」

すでに、津波の来ない内陸部に、家族で暮らすための土地を押さえた。二〇一二年度には小さな戸建ての家が建つ。

二人は最近、携帯電話の番号を変えた。

江利子さんは亡くなった息子の携帯番号を譲り受けた。

江利香さんはそれまでの番号を捨て、下四桁が「３１０４」になるような番号を取得した。

「3《さ》・10《と》・4《し》」

亡くなった夫・智史さんの名前にも読める。

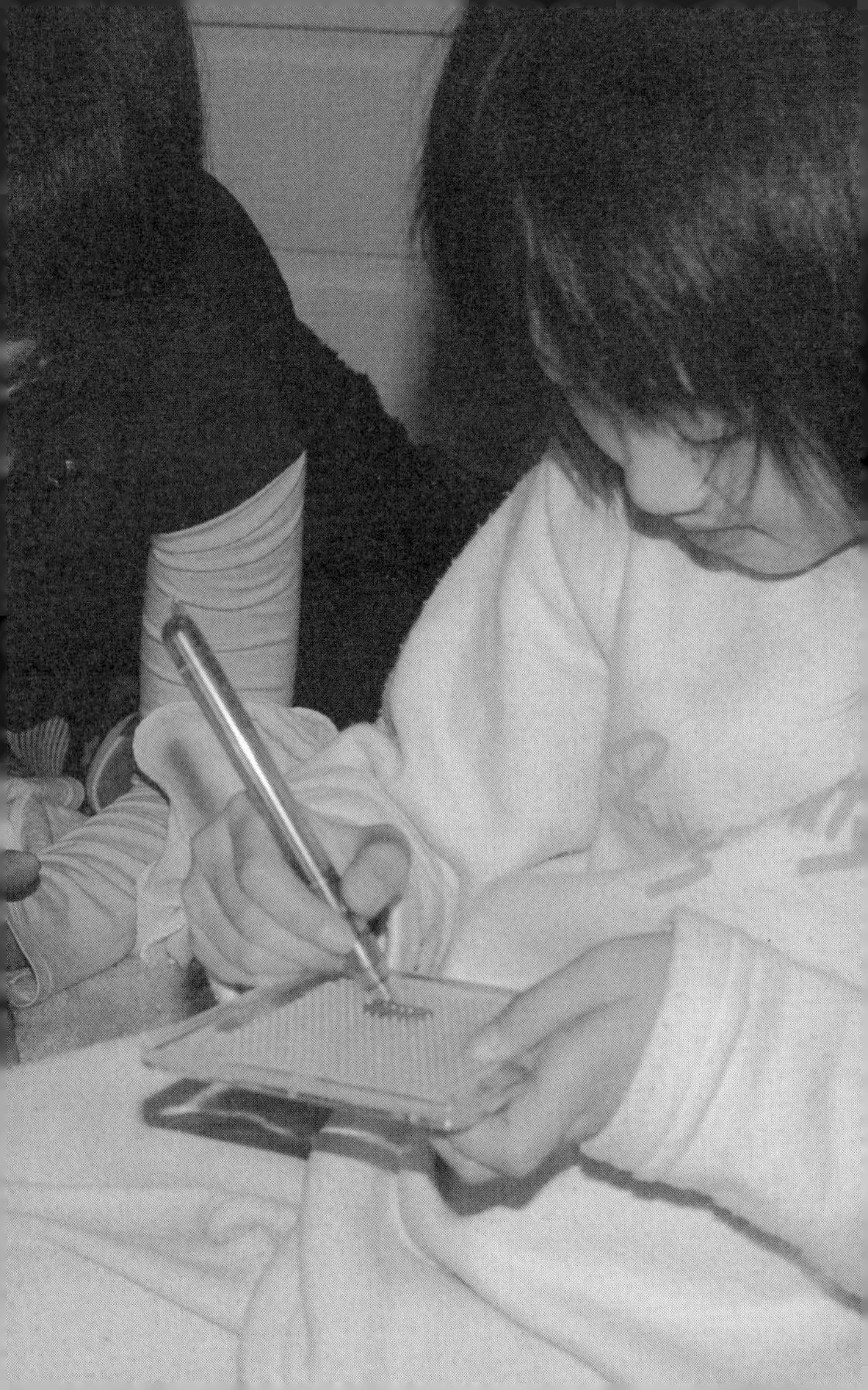

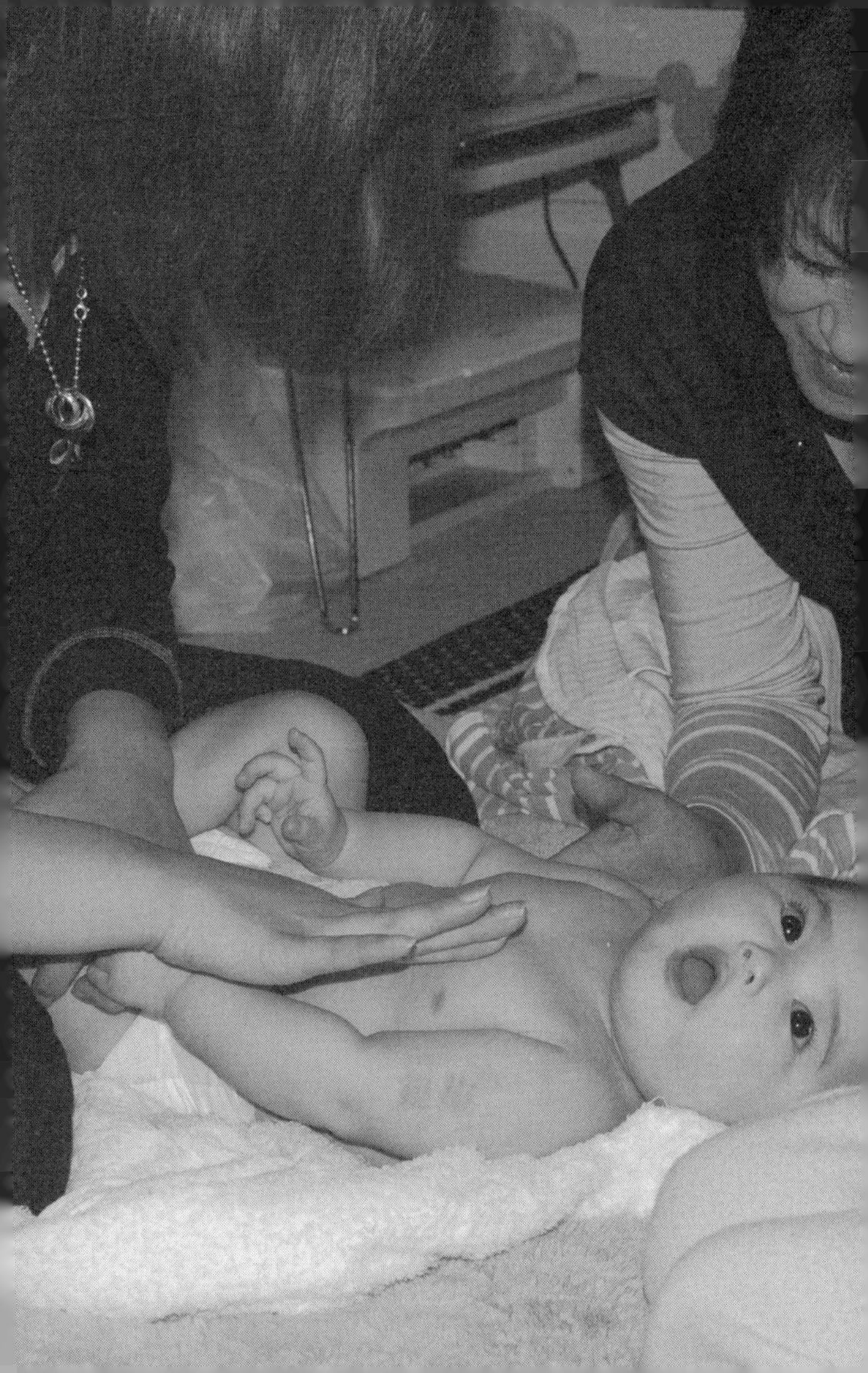

小さな復興

南三陸町に赴任して半年、車の走行距離が二万キロを超えた。

毎週のように通うガソリンスタンドは、震災二日後から手回しポンプをぐるぐる回して被災地の車に給油し続けた有名スタンドだ。

歌津地区の「三浦石油」。

オーナーの三浦文一さん(五七)は今も店頭に立ち続けている。

店舗は復旧し、手回しポンプこそなくなったものの、現在は店が支援物資の「中継基地」になっており、全国から届く物や食料を仮設住宅に配る活動を続けている。

先日はボランティアの拠点に飛び込んで、若者にお礼の整体マッサージまで施していた。

家も両親も失い、仮設暮らしだ。五人いた従業員は震災後、全員町を離れた。

それでも、この人が弱音を吐くのを聞いたことがない。

何を尋ねても、こう答える。

「余裕だよ。俺がこの町を復興させるさ」

ある日、給油に寄って驚いた。

若い女性が笑顔でガソリンを入れている。

「新人なんだ」と三浦さんは自慢げだった。

新人従業員の小野真友子さん(一八)は、気仙沼市の縫製工場に勤めていたが、三浦さんが汗だくで働く姿を見て、転職してきたという。

「なんか、心を打たれちゃって」と照れる小野さん。

「どうだ、新聞記者、ちゃんと復興が見えるだろ」と三浦さん。

二人は笑いながら写真に納まった。

そこには「小さな復興」が写っていた。

carene

塩害と冬タイヤ

取材で使っている私有車が故障した。

エンジンルームで摩擦音がするのでＪＡＦ（日本自動車連盟）を呼ぶと、整備員はボンネットを開けるなりため息をついた。

「塩ですね。さびついてます」

津波で堤防が壊れ、地盤沈下も著しい南三陸町の沿岸部は、台風や高潮の度に道路が冠水してしまう。町一面が「海」になってしまうため、取材に行くにも、宿泊施設に帰るにも、塩水の中を通らなければならない。

「被災地の車は多かれ少なかれ、同じような症状が出ています」

整備員は言った。

「実はＪＡＦの作業車も二台故障しました。我々も呼ばれれば、塩水の中を走っていかなければなりませんから」

車でもう一つ、気がかりなことがある。

冬タイヤだ。

車を流された被災者の多くは、夏に中古車を買っている。彼らのほとんどが冬タイヤを持っていない。

「どうします？」と仮設住宅で尋ねると、「夏タイヤでゆっくり走る」「おっかあ（妻）に内緒で冬タイヤを買う」と冗談を言う。

「どっちも怖いなあ」と私が笑うと、一人が漏らした。

「買えるわけねっぺ。この夏だって電気代かかるからクーラーさえつけられなかったんだ」

助かった命をもう失いたくない。どうにかならないものか。

雪が積もり、道路も凍る、三陸の冬はすぐに来る。

FUSO

仮設のにおい

夕暮れどきの仮設住宅を歩くのが日課になっている。

小さな部屋から漏れてくる家族の会話と夕食のかすかなにおい。

思わず笑顔になる。


震災直後に駆けつけたとき、この町には食べ物のにおいがしなかった。人々は寒さに震えながら、冷たいパンを分け合っていた。

五月に駐在記者として赴任したとき、被災者は支援者の炊き出しに並んでいた。汁物や白飯。においは、ほんの数種類だった。

今は違う。カレーのにおいはすぐわかる。ギョーザや天ぷら、クリームシチューのにおいも混じる。

待ち望んでいた「復興のにおい」だ。


時折、食卓に招かれる。

自治会長の畠山扶美夫さんの小さな部屋では、テーブルの上で黒光りしたひじきがおいしそうな湯気を上げていた。

「近所の人がおかずを持ち寄ってくれるから、週に数日はもらい物だけですんじゃうの」

奥さんが陽気に笑った。

「被災が激しい地域ほど、みんなが支え合って生きている気がする」

畠山さんは焼酎を傾けながらそう言った。

二人で仮設住宅の外へ出た。軒先に座る高齢者の足元を、子どもが歓声を上げて駆け回っている。母親たちが雑談に集い、仕事帰りの男たちを待っている。

「新聞には『全部流された』と書いてあるけれど、本当はそうじゃないんだな」

畠山さんは私の肩に手を置いた。

「大事なものは、ちゃんと残っているんだよ」

海くんとの約束

志津川少年野球クラブに所属する渡辺海くんが、小学生最後の試合に出ると聞き、応援に出かけた。

二番、ファースト。

あのときより、少し背が伸びていた。

初めて会ったのは五月だった。

高台の自宅は津波の被害を免れたものの、両親は職場を失い、一家で二〇キロ離れた内陸の登米市に転居した。

当日、私が引っ越しを手伝っていると、海くんは言った。

「いつかここに戻ってくるよ。僕の名前、『海』だから」

海くんは「約束」を守ろうとした。

転居後も「どうしても志津川で野球をしたい」と母・宏美さんの車で毎週末、南三陸町に通い続けた。漁師だった父は内装業に、病院勤務だった宏美さんは民間団体に職を得て、生活の基盤は移りつつある。

「親としてはつらいです」と宏美さんは言った。

「私たちだって、海には大好きな仲間と志津川で過ごさせてやりたい。でも今は無理なんです」

最後の試合、海くんは「志津川」の名が刻まれたユニホームを着て、全力で白球を追いかけた。試合は〇対三で負けたが、顔は晴れやかだった。

試合後、海くんは私に駆け寄り、「来年から登米の中学校に行きます」と宣言した。

「でもいつか戻ってくるよ」

あの日と同じ言葉を繰り返した。

僕らの約束は続いている。

渡辺海くん（右端）

被災者が向けるマイク

南三陸町には、私のほかにもう一社、常駐の報道記者がいる。東北放送のカメラマン軍司幸一さん(五七)と妻でリポーターの曜子さん(五〇)。仮設住宅で暮らしながら、夫婦で取材を続けている。

震災前、幸一さんは町の観光ホテルで結婚式などを撮影するカメラマンだった。曜子さんは主婦。津波で自宅や機材が流されたので、生活のためにテレビ局と臨時契約を結んで「記者」になった。

初めて会ったのは、震災直後の町長会見だった。

泣き出しそうな表情で、曜子さんは私に言った。

「私、こういうの初めてなんです。何をすればいいのか、教えてくれませんか」

震える手で、町長にマイクを向けていた。

「記者業はつらい」と二人は言う。

小さな町では多くが顔見知りだ。被災者が被災者にマイクを向けて良いのだろうか。会社から取材を指示される相手には、古くからの親友も含まれている。

二人は時折、泣きながら仕事をしている。

二人の姿を見ていると、「駐在記者とは何か」を考えさせられる。

現場に住み続ける駐在記者は、被災者の心情を考慮しない記事は絶対に書けない。一方で、相手の痛みがわかるからこそ、引き出せる言葉や伝えられる何かがある。

彼らの流すニュースにはいつも、そんなことを教えられる。

二人は今、私にとって親友であり、良きライバルでもある。

「ありがとう」の垂れ幕

被災地の駐在記者をしていて、うれしいことは、地域の人に名前で呼ばれることである。

最初は大抵、「記者さん」と呼ばれる。それが次第に「朝日さん」になり、やがて「三浦さん」へと変わっていく。

職業も会社名も関係ない。

人と人とのつきあいになる。

その日は早朝に電話が鳴った。

「三浦さんに見てほしいものがあってさ」

登米市の廃校舎で授業を続ける戸倉小学校に駆けつけた。校舎が津波にのまれ、裏山の神社で夜を明かした児童たちが通っている学校だ。

三階建ての校舎一面に、縦一〇メートル横五メートルの巨大な垂れ幕が三枚ぶら下がっていた。

「支援してくれた方々にお礼を言いたいと、みんなで作ったんです」

居合わせたのは、地元紙の記者と私の二人だけだった。

津波で新聞販売所が壊滅した南三陸町では、多くの地域で朝日新聞は配達されていない。私のところにも届かないため、仙台から一週間分を送ってもらっている。

だから、この町の多くの人は、私が書いた記事を読んでいない。それでも、「全国に伝えてほしい」と声をかけてくれる人たちがいる。

「ありがとうございます」と書かれた垂れ幕の前で、子どもたちが大きく手を振った。

その思いが、できるだけ多くの人に届きますように——。

そう願ってシャッターを切った。

みなさんからのあたたかい励まし

みんな元気です!!
戸倉小学校
ございます。

ひまわりのメッセージ

南三陸町でも雪の降る日が多くなった。

屋外は氷点下なので、仮設住宅の部屋に招かれて、話を伺う機会が増えた。

佐々木政子さん(六二)は、押し花の額を飾って私を待っていてくれた。震災前は、地域で押し花を教える先生だった。「一番好きな作品は」と尋ねると、「やっぱり今はこれかしら」とひまわりの壁掛けを取り出してみせてくれた。

津波で自宅や親類を失い、数カ月は何も手につかなかった。押し花の道具も流され、荒廃した町には材料になる花さえなかった。

ある日、自宅の跡地に行って驚いた。植えた覚えのない小さなひまわりが咲いていた。どこからか種子が流れ着き、花をつけたようだった。

「この花をどうしても残したい」

知人に相談すると、全国の愛好家から道具や花が贈られてきた。

今月、その花を使って、押し花教室を再開した。

「来年も被災地には花が咲かないかもしれない」と佐々木さんは私に言った。

「でも、大丈夫。私たちの心の中にはしっかりと『絆《きずな》』という名の花が咲き続けています」

被災地の人々は全国の皆さんに心から感謝をしている。

でも、匿名の支援には気持ちを伝えるすべがない。

そこで年末に際し、多くの人から「伝えてほしい」と頼まれている言葉がある。

〈今年は本当にお世話になりました。どうかよいお年を〉

ささやかな被災地からの「伝言」です。

「先生」と年越しそば

南三陸町を訪れる人に、必ず案内する場所がある。

海から約四〇〇メートル離れた丘の上にある「上《かみ》の山《やま》緑地」。壊滅した町が一望できる標高一六メートルの芝生の上で、「ここにも津波が来たんですよ」と言うと、誰もが目を白黒させる。

高すぎるのだ。

海も市街地も公園のはるか下に見える。

その緑地のすぐそばに、地域を見守る上山八幡宮はある。

二四代目宮司の工藤祐允さん（七五）は、新年の準備に忙しそうだ。

「先生、お元気ですか」

声をかけると、柔らかく笑う。

地域の人には「宮司」ではなく、「先生」と呼ばれる。五五歳で家業を継ぐまで、近くの志津川高校で約二〇年間、国語の教師を務めた。

担任を受け持ち、結婚式の神事を行い、子どもの七五三を祝う。そんな教え子たちが何百人もいる。彼らがどうなったのか。被災後、避難所を何カ所も回った。

今は、廃墟の町で催される仮設店舗の地鎮祭に招かれている。教え子たちが必死に頑張っている姿を見るのが唯一の励みだ。

「いろいろ考えたんだが」と工藤さんは心配そうに私に尋ねた。

「今年も年越しそばを出そうと思うんだ。設備がないから、即席麺で。どうだろう」

破壊されたこの町の人たちが、新しい年を待ち望んでいる。

絶望し、支え合いながら生きてきた人々が、新しい年に何を思うのか。

即席麺の年越しそばを食べながら、私もこの町で新年を迎えてみたいと思う。

おうちに帰ろう

午前六時二五分。

朝もやの中、廃墟と化した宮城県南三陸町のJR志津川駅前の空き地に一台のバスが滑り込んだ。津波で流失したJR気仙沼線の代替バスは、約四〇キロ離れた気仙沼市の高校に通う生徒たちでいっぱいだ。

気仙沼高校三年の西城国琳さんは席に座るなり、小論文の練習に取りかかった。

自宅は流され、仮設住宅暮らし。片道約二時間の通学時間は、貴重な受験勉強の時間だ。

「小論文って何書けば良いですか」

隣の席に座った私に聞いた。記者だから論文は得意だと思われたのかもしれない。

「君の家族のことを書いてみたら」と私が言うと、彼女は「うん」とうなずいた。

私が国琳さんと出会ったのは、震災四カ月後の七月だった。取材拠点を置く観光ホテルが、勉強部屋を持てない仮設住宅の子どもたちのために二〇畳の客室を「自習室」として開放していた。そこで毎晩遅くまで勉強していたのが彼女だった。話しかけると、日本語が少したどたどしい。彼女は中国籍だった。

中国・大連で生まれ育った。中国人の両親は離婚。南三陸町の水産加工工場に働きに来た母親の明紅《ミンホン》さん(四五)が、南三陸町職員だった康一さん(六二)と結婚したのを機に、六年前、南三陸町にやってきた。

一三歳の少女にとって、日本人の新しい父親は、すぐにはなじめない存在だった。覚えたばかりの日本語で勇気を出して語りかけても、康一さんからは何度も聞き返される。

「母のことは好きでも、私のことはそうじゃないのかも」

近くて遠い存在――。

あの日までそんな風に考えていた。

三月一一日は気仙沼港近くのカラオケボックスにいた。防災無線に追われるように高台にある高校に逃げ、たき火にあたりながら校庭で夜を明かした。母は日本語が不得手で、康一さんはがんを患っている。離れてしまった両親のことが心配で眠れなかった。

三日目の朝、康一さんが知人に借りた軽トラックで高校に迎えに来たとき、国琳さんは「お父ちゃん」と思わず叫んで飛び出した。

泣き出しそうな娘に、康一さんは言った。

「おうちに帰ろう」

国琳さんは、その言葉の意味がうまく理解できなかった。海沿いの自宅は津波で流されちゃったんでしょう? おうちなんて、もうないじゃない。

それでも、康一さんは繰り返した。

「おうちに帰ろう」

二人が軽トラックで向かったのは、明紅さんが待っている知人の家だった。

国琳さんは、そのときの気持ちを私に話してくれた。

「私、そのとき初めて、日本語で『おうち』って、建物じゃないんだ、家族が待っている場所なんだ、って知ったんですよ」

一二月、私は三人が暮らす仮設住宅を訪れた。

外壁の防寒工事が進むプレハブの一室で、明紅さんは康一さんに寄り添いながら、食べきれないほどの柿やミカンを出してくれた。

「こいつがいつもお世話になって」

康一さんはうれしそうに国琳さんの頭をなでた。

「日本国籍、取得したんだって?」と私が聞くと、「うん。私、お父ちゃんの国で日本人として生きていこうって決めたんです」と国琳さんは照れて笑った。

被災者に支給されたテレビからは、年末の特別番組のお知らせが流れていた。

「来年は絶対大学に合格して、お父ちゃんとお母ちゃんを安心させるからね」

三人が顔を見合わせて笑った。

被災地にも、もうすぐ新しい年がやってくる。

新しい年

特別な年の大みそかを、私は結婚したばかりの夫を亡くした奥田江利香さんの実家で過ごした。

正月飾りのない民家には、津波で亡くなった夫の智史さんの遺影が飾られていた。

集まった江利香さんの親族に、智史さんの母・江利子さんも加わり、にぎやかな年越しとなった。

主役は、昨年七月に江利香さんと智史さんの間に生まれた梨智ちゃん。みんなが奪い合うようにして、抱っこをしたり、ミルクをあげたり。コタツの周りを笑い声が囲んだ。

「昨年の今ごろはみんな他人だったのにね」

江利子さんがそうつぶやくと、「結婚式がずっと昔の出来事のように思える」と江利香さんは振り返った。

元日、江利香さんと江利子さんは智史さんのお墓に向かった。

線香をあげて両手を合わせた後、約一〇分間、江利香さんは墓石に寄り添うように座り、智史さんとの「会話」を楽しんだ。

「どんなことを話したのですか」と尋ねると、江利香さんは照れくさそうに教えてくれた。

梨智がどんどん大きくなっているよ。

本当はうれしいことなのに、時々とても悲しくなるよ。

だってそれって、智史がいない時間や記憶がどんどん増えてるってことでしょう？

また来るね、と言い残して、二人は墓地の坂をゆっくりと下っていった。

それが二人にとっての、新しい年の始まりだった。

奥田家
奥田家

母の名前

海から二キロ離れた水尻川《みずしりがわ》の上流に「大船沢《おおぶねざわ》」という集落がある。「津波で大きな船がここまで流されてきた」という警告を先人が地名に刻んだと伝えられている。

地名だけではない。

メディアが未発達だった時代、人々は津波の教訓をなんとか子孫に残そうとした。

歌津地区の千葉光一さん(八九)の母親の名前は「なみ」だった。

一八九六年の明治三陸津波のとき、妊娠中だった祖母のくらさんは、隣の浜まで流された。家に戻ると、くらさんの母と子二人が亡くなっていた。一家は悲しみの中、半年後に生まれた娘に「なみ」と名付けた。子孫が津波の対策を怠らぬよう、あの日の海を忘れぬように、と。

雪の日、私は光一さんと一緒になみさんのお墓に参った。

「おっかあ」と光一さんは両手を合わせてつぶやいた。

「子どもたちは全員無事だったよ」

九二歳でなみさんが亡くなると、光一さんは地域の伊里前《いさとまえ》小学校で明治の津波を語り継ぐ活動を続けた。

なぜ母親の名前が「なみ」なのか。何人の命が失われたのか。児童たちは「高台に逃げます」「絶対に戻りません」と口々に誓った。

九カ月後、伊里前小学校では津波の犠牲者が出なかった。

「防災ってやつは難しいよ」と帰り道、光一さんは私に言った。

「海をコンクリートで固めても、人は守れない。親や地域がどこまで真剣になって子に語り継げるか。結局は愛情の問題なんだよ」

一九歳のコンビニ店長

南三陸町に赴任以来、同じコンビニに通い続けている。流された店の跡地に小さなテーブルを広げ、家族で商品を売っていた「セブン－イレブン志津川天王前店」。夏以降、プレハブで営業を始めた仮設コンビニに最近、ちょっとした異変が起きた。

店長が交代したのだ。

就任初日に訪れると、新店長の渡辺健太郎さん(一九)は、雪をかぶって来店する客に頭を下げ続けていた。

「いつもやっていたことなのに、責任感が違いますね」

店は元々両親が経営していた。営業再開後、売り上げは一時戻ったが、それもつかの間だった。冬に入ってボランティアが減り始めると、売り上げは秋の七割にまで減った。

店は浸水域にあるため、いつまで営業できるかわからない。両親は今後を考え、高台のコンビニに移ることになった。残された店を引き継いだのが、長男の健太郎さんだった。

「人生ってわからないものですね」と健太郎さんは私に言った。

昨年の今頃は、進学校に通う受験生だった。震災翌日に国公立大の試験を受けたが、不合格。友人の多くは今、大学生活を楽しんだり、一浪して入試に再び挑んだりしている。

「正直、悔しい気持ちになったりもする」と健太郎さんは雪が舞う空を見上げた。「でも、僕は僕の人生を一生懸命生きたいと思うんです」

高台の店に足を運ぶと、両親が必死に店を切り盛りしていた。

「苦労をしてほしい」と父の隆さんはあえて突き放した。

「胸を張って生きてほしい。私は息子を誰よりも誇りに思っています」

そう話す母ちはるさんの目には、涙が浮かんでいた。

＊

この原稿は二〇一二年一月三一日付朝刊に掲載された。記事を読んだ野田佳彦首相は二月二日、渡辺健太郎さんに一枚の色紙を贈った。色紙には「素志貫徹／内閣総理大臣　野田佳彦」と記されていた。

スタッフ募集中

仮設トイレは
ばこ 酒
7
ELEVEN

人と人とをつなぐもの

　雪が積もり、被災地が静寂に包まれる朝。

　仮設住宅に出向くと、決まって響いてくる音がある。

「ガン、ガン、ガン」

　男たちが入り口のサッシに張った氷の塊を砕く音。女たちがヤカンのお湯を氷に注ぐと、「シュー」と音をたてて、扉が開くようになる。

　遠くからバイクの音が近づいてくる。

　高橋武子さん(七三)だ、とすぐわかる。

　雪道でも愛用のバイクで駆け回るので、愛称は「バイクの武子さん」。ヤクルトやダスキンの配達を約四〇年間、水道の検針を約二〇年間務めた。

　町内はほとんどが顔なじみだ。

「宅配は地域を知る大切な手段なのよ」と、民生委員でもある武子さんは言う。

体調を崩している人はいないか、さびしくしているお年寄りはいないか。数十年もの間、玄関口から見守ってきた。

そのネットワークが、震災時に地域を救った。役場の台帳が流されたとき、武子さんは頭に入っていた地域全員の氏名や健康状態などを一覧にして、救援部隊に差し出したのだ。

「塩水でコンピューターは壊れても、武子さんは壊れなかった」

地域の人は褒めたたえた。

七月、武子さんは津波で失ったバイクを新調した。

ブルンとアクセルをふかしたとき、周囲で拍手の輪が広がった。

いつも誰かが見ているよ。

この町では、小さなエンジン音が、人と人をつないでいる。

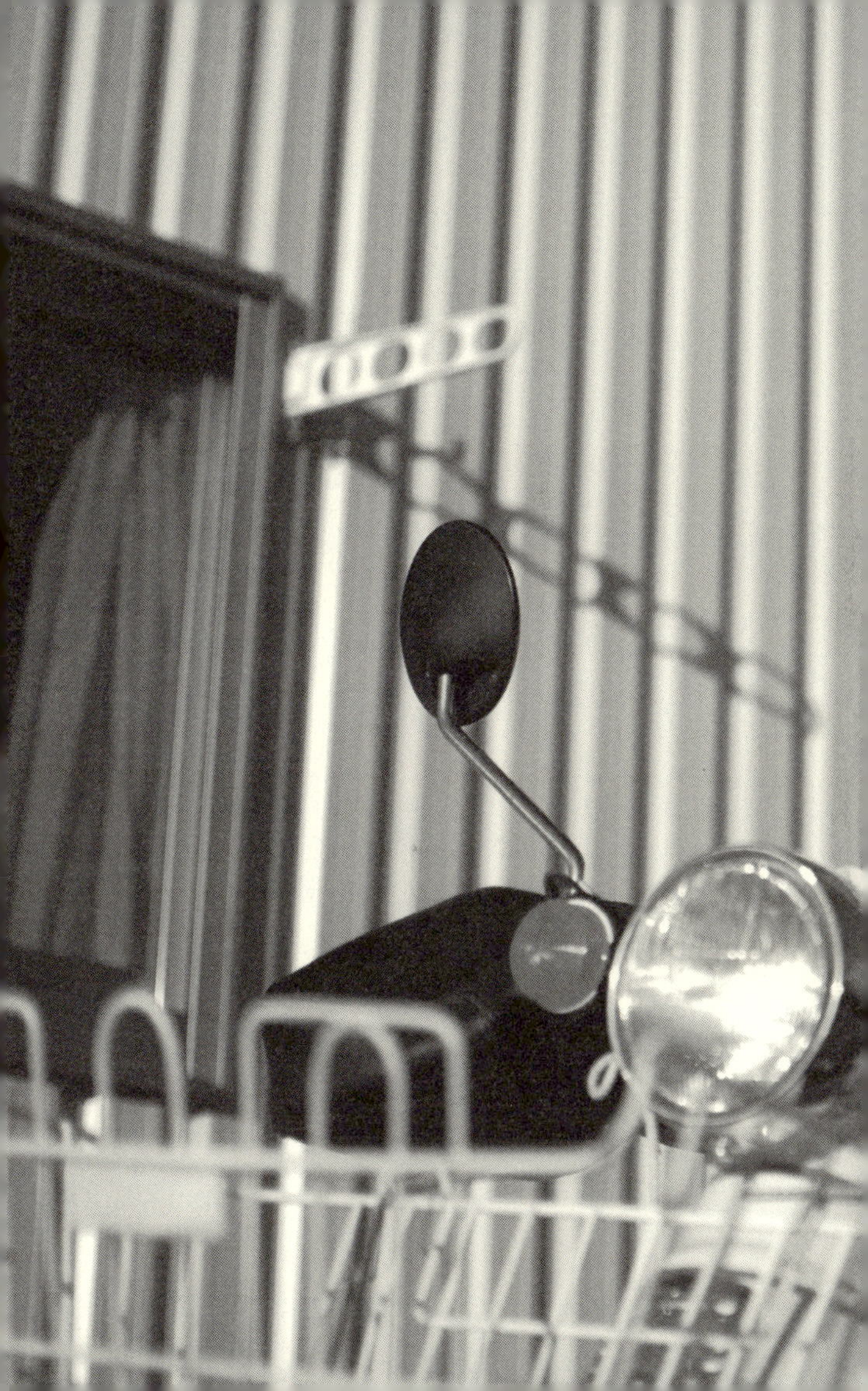

沖縄の風

南三陸町の中心部に一軒の仮設食堂が開店した。

名前は「さんさカフェ」という。宮城県の民謡「さんさ時雨《しぐれ》」と、沖縄県の魔除けの飾り「サン」から取ったものらしい。

なぜ沖縄なのだろう。

そんな疑問を口にすると、店を手伝う工藤弥生さん(二六)に誘われた。

「そうだ、集会場に見に来ませんか」

仮設住宅の集会場に足を運ぶと、彼女が沖縄伝統楽器の三線《さんしん》を演奏してくれた。

放課後、毎日ここで練習しているという。

「まだ下手だけど、少しでもうまくなりたくて」

三線を教えてくれたのは、震災後、この町に駐屯した沖縄の自衛隊員たちだった。遺体捜索や物資搬入の合間に、体育館で見慣れぬ楽器を演奏してくれた。

「それ、何ですか」と聞くと、三線の弾き方や「工工四《くんくんしー》」と呼ばれる楽譜の読み方を教えてくれた。工藤さんは避難所の片隅で練習を重ね、隊員たちが帰還するとき、覚えたばかりの沖縄民謡「安里屋《あさどや》ユンタ」で見送った。

「だって、それしかプレゼントできる物がなかったんですよ」

演奏するときはいつも、沖縄の隊員たちのことを思い浮かべる。そうすると、なぜかうまく弾けるような気がする、と彼女は言った。

常にマスクを外さない、今風の女の子だ。

小さな夢があるという。

「いつか沖縄に行って、隊員さんに『ありがとう』って伝えたい」

氷点下が続く北国に、今日も一陣の南国の風が吹いている。

さいたま市立高砂小学校1年4組・2年

外階段

阿部泰兒《たいじ》さん（七八）の命を救ったのは「外階段」だった。
五年前に気仙沼市の自宅を改築したとき、家の外から三階の屋上に上がるらせん階段を特注した。数百万円の出費と防犯面の不安から家族は心配したが、「周囲に高い建物がない。津波が来たら地域が全滅する」と譲らなかった。

あの日、自宅近くにいた阿部さんは、住民二〇人とらせん階段を駆け上り、間一髪で難を逃れた。水が引かずに三日間孤立し、ヘリコプターで救出される際、阿部さんがこう漏らすのを地域の住民が聞いている。
「どうだい、外階段が役に立ったろう」と。

南三陸町で生まれ育ち、半世紀前のチリ地震津波で全財産を失った。そこからトラックで魚の行商を始め、一代で年商一六〇億円を超える水産観光企業を築いた。

　そして二度目の被災。九つの水産工場のうち八つを失ったが、宿泊者を守れるようにと三つのホテルはすべて高台に建てられていたため、経営の壊滅は免れた。「外階段」同様、経験を生かした結果だった。

「見に来ますか」と誘われ、私は阿部さんの自宅に足を運んだ。

　家屋の横でねじ曲がったらせん階段を上ると、津波と火災で廃墟になった市街地が眼下に広がった。

「苦難の中で何を学ぶかだ」と階段の下で阿部さんの声が聞こえた。

「それが人生を大きく左右するんだよ」

妻に会える日

海沿いにある介護施設を訪れた。

個室に入ると、八九歳のおじいちゃんが、窓の近くで海を見ていた。

長女(六二)が身の回りの世話を終えて帰ろうとしたとき、おじいちゃんは聞いた。

「ばあちゃんはいつ来るんだ」

長女は目を伏せて答えた。

「仙台の病院にいるんだから、すぐに来られないって」

おじいちゃんは、安心したようにほほ笑んだ。

おじいちゃんは仕事人間で、家のことはおばあちゃんに任せきりだった。だから、おばあちゃんが認知症になると、後を追うように自分も記憶がおぼつかなくなり、震災の半年前に施設に入った。

あの日、おばあちゃんは海に面した病院の四階にいた。黒い水は高さ十数メートルの病室にまで押し寄せてきた。遺体が見つかり、知人に頼んで火葬した。親族は避難所暮らしで、葬式も出せなかった。

周囲は悩んだ。

おじいちゃんにとって、どちらが幸せなのだろう。

最愛の妻が津波で亡くなったことを知り、絶望の中で余生を過ごすのと、

再び会えることを心待ちにしながら、決して会うことなく残りの人生を生きていくのと。

「おばあちゃんは仙台の病院にいる」

家族会議で出した結論だった。

帰りの車の中で、長女は私に言った。

「いつまでウソをつけばいいんでしょう……」

また「三月一一日」が来る。

現実を受け入れられない人が、この町にはまだたくさんいる。

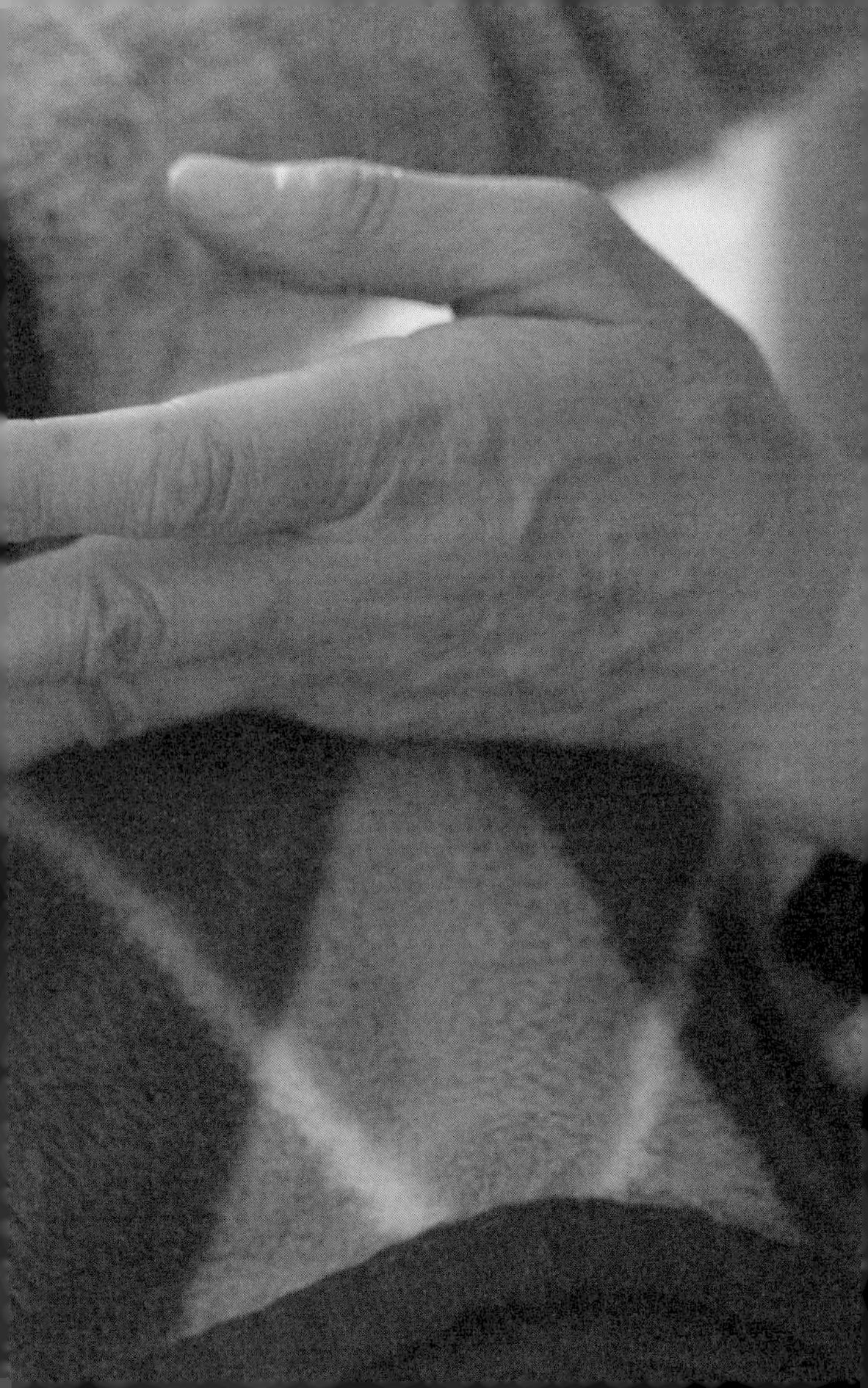

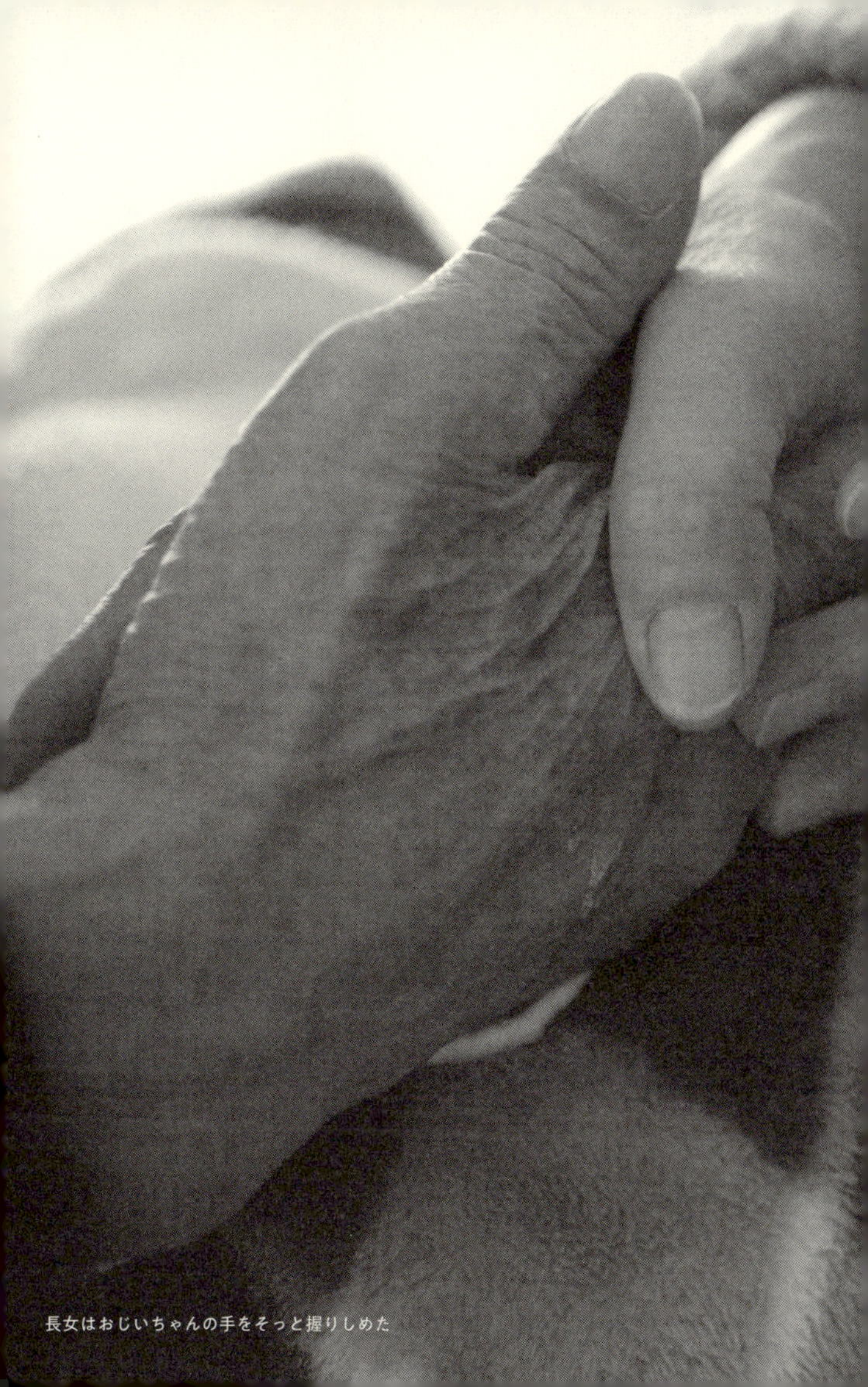

長女はおじいちゃんの手をそっと握りしめた

結婚記念日

三月五日。

奥田江利香さん(二八)は、曹洞宗《そうとうしゅう》が開いた遺族合同の一周忌法要に喪服姿で足を運んだ。

「この日が来ましたね」と声をかけると、彼女は小さくうなずいた。

彼女にとって三月五日は特別な日だった。

ちょうど一年前のこの日、江利香さんはウエディングドレスを着て、智史さんと結婚式を挙げた。誓いのキスの直前、智史さんは言った。

「幸せになろう」

友人たちの祝福の中で、それは永遠に続くものだと信じていた。

「記憶って不思議ですね」と江利香さんは言った。

「たった六日の新婚生活だったけれど、何年も一緒に暮らしたような気がする」

震災を経て気付いたことがある。

大切なのは時間の「長さ」じゃない。たぶん「密度」だ。

一緒に行った夏祭りは楽しかったな。去年の冬には雪かきもしてくれたっけ。

「そんな思い出が今も、胸の中をストーブのように温めてくれるんです」

家に帰ると、昨年七月に智史さんとの間に生まれた梨智ちゃんが、つかまり立ちの練習をしていた。

江利香さんは遺影に視線を向け、話しかけた。

「でも、私、やっぱり一緒に育てたかった……」

母親の声が聞こえたのだろうか。

梨智ちゃんは一生懸命、自分の足で立ち上がろうとしていた。

長女の靴

震災前、材木を運ぶトラックの運転手だった和泉《いずみ》博文さん(四〇)は今、南三陸町が臨時に開設した災害FM局で働いている。

悩みは四月からの身の振り方だ。町が臨時FMに予算をつけるのは三月まで。その先の仕事はまだ決まっていないのだ。

「まあ、なんとかなるとは思っているんだけれど……」

妻が三人の子どもを残していなくなったのは八年前だった。当時は長距離運転の仕事で、家に帰れるのは週二日ほど。悩みを聞いてやれなかった。

それからは仕事を夜の配達に変え、食べ盛りの三人を育てた。昼間に寝て、帰宅した子どもの顔を見てからトラックに乗る。明け方に帰り、朝食を家族で囲んだ。

落第点だったと思う。幼稚園の卒園式で長女に新しい服を着せて送り出したはずが、式典で目を疑った。娘だけが、汚れた靴を履いていた。

「女親だったら気付けたはず。娘が哀れで、可哀想《かわいそう》で」

震災後、泥だらけになって学校にたどり着いたときもそうだった。

「子どもたちをぎゅっと抱きしめてやればよかった」

でも、それができなかったのは、周囲には家族を亡くした人がいたからだ。

地域のＦＭ放送で、多くの町民の声を電波に乗せてきた。もし最後に自分の声を伝えられるなら、こう言おう。

「家族のみんな、父さん、かっこ悪くてごめんな」

三人の子どもたちにこっそりと聞いてみた。

「お父さん、かっこ悪い？」

長男（一六）と次男（一一）はうなずいた。

長女（一三）は少し迷ってから答えた。

「うん。でも、私はそれで構わない」

最後の約束

異動の内示が出た。

次の勤務先はニューヨーク。

南三陸駐在は二〇代の同僚記者に引き継ぎ、三月末でこの町を離れる。

お世話になった人に離任の挨拶をした。

胸が張り裂けそうだった。

「被災地から逃げるのか」という非難を覚悟したが、多くの方々が「いつかこの町に帰って来いよ」と何度も両手を握ってくれた。

そのうちの一人。町内の工場で事務員として働く佐藤夏美さん(二〇)。

昨秋、取材拠点を置いていた観光ホテルで、外国人ボランティアらが無料の英会話教室を始めた。夏美さんと私はその教室に通う、二人だけの生徒だった。

仕事を口実にさぼりがちな私に対し、真面目で謙虚な夏美さんはめきめき上達した。

いつか大学に行って養護教諭になりたい。そんな夢を語ってくれた。

「同じような思いをした子どもたちの、そばに居てあげたいから」


あの日、夏美さんは母(四三)と一緒に高台へと走った。

坂の途中まで逃げたとき、坂の上から「津波が来たぞ」と叫ぶ声が聞こえた。

するとなぜか母はくるりと方向を変え、坂の下の自宅へと戻ったのだ。

自宅の中にいた祖父や叔父や叔母を助け出そうとしたらしい。

すぐに周囲を黒い波に囲まれ、次の瞬間、母は娘に向かって大声で叫んだ。

「夏美、逃げなさいっ！」

母の姿が目の前で消えた。夏美さんは動くことができず、坂の途中でうずくまった。

気がつくと、自身も黒い波にのみ込まれていた。

渦の中に沈むとき、無数の叫び声を水中で聞いた。

「助けて、助けて」

死を覚悟したその時、脳裏で再び、母の声がした。

「夏美、逃げなさいっ！」

顔をなんとか水面に出し、建物の残骸にしがみついて、引き波を耐えた。

母、祖父、叔父、叔母。全部で四人が亡くなった。

以来、生活は一変した。朝六時に起きて、父と弟の弁当を作る。昼間は工場で働き、夜七時からは英会話、夜八時から一一時までは、観光ホテルの自習室で勉強を続けた。

「もっと頑張りたい」と夏美さんは言う。「いつか立派になって、三浦さんを見返してやるんだから」

私が異動の内示を告げると、夏美さんは「凄《すご》いじゃない！」と喜んでくれた。「三浦さん、頑張れば何でもできるって、私に見せてください」

最後にまだ蕾《つぼみ》の膨らんでいない桜の木の下で夏美さんの写真を撮った。

「最後に一つ、お願いをしてもいいですか？」と夏美さんは照れながら言った。

「いつかまたこの木の下で、私と私の赤ちゃんの写真を撮ってください」

私は言った。

「約束する。僕は必ずこの町に帰ってくるよ」

一五歳の手紙

そこは約束の場所だった。

思い出したくはないけれど、決して避けては通れない場所――。

宮城県南三陸町の戸倉中学校は二〇一二年三月一〇日、津波で壊滅した旧校舎で卒業式を開いた。

電気も水道も止まっている。学校側は反対したが、生徒たちは譲らなかった。

浸水を免れた校舎の二階でアンジェラ・アキさんの「手紙」を歌う。

それが一五歳たち二〇人の約束だった。

あの日、校舎はマラカスのように揺さぶられた。

校庭に避難していると、大声が聞こえた。

「津波だ。山へ登れ」

一斉に裏山へと駆けだした瞬間、校庭が黒い水に覆われた。教師三人が波間に消え、五、六人の生徒も流されていく。

養護教諭は一人でも助けようと濁流の中を胸が浸《つ》かるまで進んだ。でも、手が届かない。

「誰かーっ」と金切り声をあげた。


裏山には、男性教員が二人しかいなかった。

当時二年生の小野寺翔さんと佐藤裕さんは「俺たちがやるしかない」と決意した。着ていた運動着をつなぎあわせてロープにし、流されていく生徒を引きずりあげる。

山の中腹には男性が数人、心肺停止で横たわっていた。

三浦貴裕さんは勇気を振り絞った。口移しに息を吹き込み、手のひらで胸を押す。一〇分経っても鼓動が戻らない。教師に「もうダメだ」と制された。

いやだ。目の前で人が死ぬ。手の中で命が消える。

「悔しいとか悲しいとか、そういうのを感じないほど心がなんかぼろぼろで」

夜、避難場所に低体温症の男性が運び込まれると、須藤翔也さんと佐藤さんは服を脱いで半袖短パンになり、抱きついた。

人間カイロだ。やってやる――。

数時間後、男性の意識が徐々に戻り始めたとき、須藤さんは誰かに感謝したくなった。

「ありがとうございます。生きていてくれて、本当にありがとう」

翌日、学校には十数人の遺体が横たわっていた。

生きよう。教師たちは、生徒にそう言い聞かせて、がれきの山を越えて内陸の宮城県登米市に向かった。

必ず戸倉に子どもたちを戻す――。

それが教師たちの合言葉だった。過疎化が進む地区では、学校が地域の要でもある。何より、壊滅した故郷の復興を担うのは、あの日の海を知るこの子たち以外にあり得ない。

震災後、二〇キロ離れた登米市の廃校で授業を再開しても、教師らは生徒を連れて故郷に通った。港を回り、漁船にも乗って地域の産業を教え込んだ。復興案を生徒自らに立案させた。

卒業式の直前、教頭は生徒の作文を読んで驚いた。「津波が起きて『良かった』と思えるようになりたい」とある女子生徒は書いていた。

大切な人や家も失い、悲しくて、苦しくて、今はどうにもならないけれど、それをいつか「良かった」と思えるぐらい、自分は大きくなりたい――。

教頭は、「大丈夫だ」と自分に言い聞かせた。

「この不条理を乗り越えていく力を、たぶんもう、この子たちは持っている」

卒業式の答辞で、代表の小野寺さんは言った。

「今日という日は、もっと生きたかった人の今日でもある。亡くなった先生や後輩の分まで僕らは生きたい」

午後二時四六分過ぎで止まった壁時計の下で二〇人は胸を張った。

そして泣いた。

鎮魂歌《レクイエム》

《悲しみを抱いて――》

あの日から一年を迎えた二〇一二年三月一一日、政府は天皇皇后臨席のもと東京・千代田の国立劇場で追悼式を開いた。宮城県代表としてスピーチに立った奥田江利子さんは冒頭、覚悟と決意を込めた言葉で自らの気持ちを語り始めた。

《震災の一週間前、長男の結婚式でした。入籍の日に選んだのは三月一一日。二人は人生で一番幸せな時を迎えていました》

長男の智史さんが役場に婚姻届を出しに行ったあの日、江利子さんは智史さんの妻の江利香さんとお祝いのランチを食べていた。午後二時四六分、激震に襲われると、妊娠六カ月の江利香さんの身を案じ、真っ先に江利香さんを車で宮城県登米市の実家に送り届けた。

翌日、自宅近くで智史さんの遺体が見つかった。両親の遺体も。梨吏佳ちゃんの遺体も。

《息子は妹をその腕の中で守っていたかのように手を組んで横たわっていました。「おかあ、俺なりに頑張った」。そう言っているようで》

ほおに涙が伝った。江利子さんは息を整え、気持ちを切り替えるように話を続けた。

《受け止めがたい現実、やり場のない怒りと悲しみ。でも、絶望の中にさす光もありました。息子は私たちに生きる意味を残しました》

私は江利香さんの実家でテレビ中継を見ながら、あの夏の日を思い出していた。江利子さんにとって「生きる意味」とは、江利香さんのおなかの中の赤ちゃんだった。産声を聞いた瞬間、病院の廊下で祈り続けていた江利子さんは分娩室に飛び込んだ。両目を涙でいっぱいにして、生まれたばかりの梨智ちゃんを抱いた。

遺族代表としてメッセージを読み上げることが決まった二月中旬以降、江利子さんは泣きながら過去を振り返り、身を切るようにして文案を練った。

当初、追悼文の最後に入れていた言葉があった。江利子さんはそれを何度も書き直すうちに削った。

《戻れるなら、一年前に戻りたい――》

江利子さんは削除の理由を教えてくれた。

「それはいくら願ってもかなわないこと。今は、今の家族を大切にしたいから」

代わりに選んだ言葉――。

それが冒頭の《悲しみを抱いて――》だった。

《愛する人たちを思う気持ちがある限り、私たちの悲しみが消えることはないでしょう。遺族はその悲しみを一生抱いて生きていくしかありませ

ん》

　式典が終わると、私は取材拠点のある観光ホテルに戻り、東京にいる江利子さんと連絡をとった。

「泣かないと決めてたんだけれど」と江利子さんは電話口で言った。「でも、読んでいるうちに、智史と梨吏佳の顔が何度も出てきて。まるでそばに寄り添ってくれているように思えて……」

　頑張ったね。私はそう言って通話を終えた。

　私は原稿を書き終えると、椅子の背に体を預けしばらくの間、両目を閉じた。江利子さんが式典に出発する直前に残した言葉を思い出していた。

「じゃあ、東京に行ってくるね」と江利子さんは最後に言った。「でもこれは終わりじゃない。私にとって始まりなのよ」

あとがき

二つの列車が同じスピードで、同じ方角に向かって走っている。向こう側の列車にも、私とよく似た背格好の人が乗っている。ぼんやりとこちらを見ている人もいる。時折合図のようなものを出す人もいる。列車はしばらく並走していたが、やがて分岐点にさしかかり、こちら側の列車は右に、向こう側の列車は左へと進路を変えた。列車の距離は徐々に離れていき、やがて建物の陰に隠れて見えなくなった。向こう側の列車がどこへ行ったのかはわからない。私が乗っている列車さえ、どこへ向かっているのかを知る人はいない。ただ一つ、はっきりしていることは、もう列車を乗り換えることはできない、ということだけだ。

私たちはそれを少し後になってから気付く。

被災地で取材をしていると、今目にしている現実とはまったく異なる現実がこの世のどこかに存在しているのではないか、という錯覚を何度も抱きました。人々が家族の名を叫びながら、泥だらけになってがれきの中をさまよい歩いている現実はむしろフェイクで、どこかまったく別の空間にまったく別の現実が存在していて、人々はそこで明るく笑いながら、家族で温かな食卓を囲んでいるのではないか。私にとって——あるいは私たちにとって——そちらの世界の方がずっと自然で、何より説得力を持ち合わせていたからです。

多くの人が指摘しているように、あの日以来、私たちの国は確かに変わりました。過去のすべての物事が虚偽性を含んで議論され、未来はまるで見えなくなりました。私たちが事実だと思い込んでいたものは、その真偽が厳しく検証されはじめ、だからメディアから多くの学者が姿を消しました。政治も、経済も、社会も、科学も、一から再構築することが声高に叫ばれるなかで、でも本当は、私たちはずっと前から気付いていたのだと思います。大切なものは何か、摂理はそれほど難しくないのだ、ということを。

私は今、それらをはっきりと言葉に置き換えることができます。

〈何かを手に入れたら、何かを手放さなければならない〉

それはかつて、日本人であれば誰もが知り得ていたことだったように思います。取り続けることはできない、何かを手に入れたら、必ず何かを手放さなければならない。そんな当たり前のことを私たちが忘れ始めたのは、きっとこの国が高度経済成長と呼ばれる時期を迎えた頃——つまり私たちの世代が生まれた時代——だったような気がしています。かき集めれば、かき集めた分だけ、幸せになれるかもしれない。そんなデマゴーグを私たちの親の世代はかたくなに信じていたし、私たちの世代も心のどこかで信じようとしていた。

だから、私たちは今、「地方」と呼ばれる地域にこれほど強くひかれるのかもしれません。高度経済成長期に「取る」ことをしなかった「地方」には、捨てられずに積み重ねられてきたものがたくさん残っているように思えるからです。

「生きる」ということは、「守る」ということなのだと、私は今回の震災で改めて学びました。守るべきものはいつだって、小さく、ささやかで、壊れやすい。それらをどうやって守っていくのか、そのヒントのようなものを、私はこの被災地で学んだような気がしています。出会えた多くの「家族の風景」に、心から感謝しています。

この本は、二〇一一年六月から二〇一二年三月までの間に朝日新聞全国版で毎週火曜日に連載された「南三陸日記」をもとに、私が全国版や宮城県版に書いた記事を加えてまとめたものです。

デスク作業は東北復興取材センター長補佐の山崎靖デスクに担当して頂きました。原稿作成の何度も書き直しを命じられ、明け方までパソコンに向き合い続けた日々が、懐かしくてたまりません。一連の原稿は、彼の「書き直せ」という叱咤《しった》によって磨かれています。書籍化については、青木康晋・東北復興取材センター長（仙台総局長）や朝日新聞出版の芝田暁・エクストラエディターに尽力して頂きました。

最後に、初めての単身赴任生活を遠く東京から支え続けてくれた、外国の街の名を冠した妻と、新潟で生まれた「稲《オリザ》」、震災の年に生まれた「絆《イトハ》」という二人の娘に、感謝の言葉を贈りたいと思います。

私は三人を心から愛している。

二〇一二年三月一一日　南三陸ホテル観洋の一室にて　三浦英之

再訪

二〇一八年秋

宮城県南三陸町を仕事で「再訪」することになったのは二〇一八年秋だった。

震災直後から約一年間、私は南三陸駐在として津波被災地の最前線で人々と一緒に生活をしながら取材活動を続けた。その後、米国留学や三年間に及んだアフリカ勤務を経て、日本に帰国したのはその前年の二〇一七年秋だった。新しい任地は福島総局で、南三陸町とは百数十キロしか離れていない。以来、私は平日は福島県内で未曽有の原子力災害に苦しむ人々を取材しながら、休みになると家族を連れて、かつてお世話になった南三陸町やその周辺地域で暮らす人々のもとへと頻繁に通った。だから、私にとっての南三陸行きを「再訪」と表現するにはいささか大げさすぎるきらいはあったが、それでもしかし、それが何かを書くという仕事を前提としている以上（私はあの一年間に及んだ駐在以降、南三陸町に関連する記事を実に一本も執筆していなかった）、それはやはり「再訪」と呼んでも差し支えのないものなのかもしれなかった。

仕事というのは他でもない、私が南三陸駐在中に執筆した書籍『南三陸日記』に関するものだった。同書籍は約一年間、私が朝日新聞の全国面に掲載していたわずか三五行のコラムに修正を加えて束ねたものだったが、人々の記憶の風化が進むなか、震災八年目の春に文庫化されることが決まり、担当の編集者から「せっかくの機会なので、文庫版の巻末に、あの日から八年目を迎えた南三陸町の『今』の姿を小編として添えてみませんか」と誘われたのである。いいきっかけかもしれない、と私は思った。震災直後の一年間、私は文字通り寝食を忘れて目の前の惨状を記録することに全力を尽くしたが、三五行というスペースでは盛り込める事象が限られていたし、こちらは多分に私の実力不足によるものも大きかったが、私の体内には依然として、あの頃取材をしながらも書き記すことができなかったいくつかのテーマがまるで繭《まゆ》をかぶった幼虫のように胎動を続けていた。

今なら書けるかもしれない——そう思ったのだ。

中古のランドクルーザーに荷物を積んで南三陸町へと向かったのは、空が海よりも青く見える秋晴れの一日だった。

仙台市内で手土産を買い、東北自動車道のインターチェンジに滑り込むと、秋稲と潮の香りが入り交じった懐かしい空気の匂いが車内を満たした。

震災直後は仙台から二時間半以上もかかった三陸の沿岸部も、震災後には東北自動車道に連結する三陸自動車道が大幅に延伸された影響で、今ではわずか一時間一五分程度のドライブに短縮されている。

南三陸町。

かつては見渡す限りがれきに埋め尽くされていた町中心部は至るところが嵩上《かさあ》げされ、まるで中国の万里の長城のようにも見える長大な堤防と、高速道路のジャンクションのように複雑に入り組んだ道路網とであらゆるものが変わり果てている。そこに私の記憶に残る風景はもはやない。カーナビを頼りに港まで出て、海岸線に沿って荒砥《あらと》海岸まで進むと、目的の平屋は急な細い坂道の中腹にあった。

「未希の家」

そんな木彫りの看板が掲げられていた。

「お待ちしておりました。去年の冬以来かしら」

すべてが変わり果てた町で、その笑顔だけが七年前と変わらない。

約一年間に及んだ南三陸町での駐在生活で、私が一度も記事にできなかったテーマがある。

津波にのみ込まれて骨組みだけが残った町の防災対策庁舎で、最期まで防災無線で町民に避難を呼びかけながら亡くなった若き町の女性職員——遠藤未希さんに関する一連の物語がそれである。

遠藤未希さんの若き死をめぐっては、最期まで町民を救おうとしたその献身性や、結婚式を半年後に控えながらも叶《かな》わなかったその悲劇性から、メディアにとっては南三陸町での惨状を語る上で無くてはならないトピックスの一つだった。当然、震災直後から国内外のメディアが殺到し、両親や知人に容赦なくカメラやマイクが向けられた。

「未希さんはどんな職員でしたか」「なぜ最期まで防災無線のマイクを握り続けていたのでしょうか」

全世界に向けて発信されるそれらのニュースの洪水の中で、南三陸町の駐在記者であるはずの私は、遠藤未希さんに関するストーリーを一度も記事にすることができなかった。

書かなかったのではない。

書けなかったのだ。

その最大の理由はおそらく、私が他の取材者と比べて、取材対象者との距離があまりに近すぎたからだったのだろう、と今は思う。

遠藤未希さんの両親は私の記者仲間だった軍司夫妻（一八四頁参照）の震災前からの親友でもあり、震災後も互いの仮設住宅を行き来し合う仲で私とも頻繁に顔を合わせていたし、未希さんの父親は偶然にも、私が振り出し時代にお世話になり、津波で亡くなった警察官の「彼」（一三六頁参照）と中学時代に同じ部活で過ごした剣道部員でもあった。

遠藤未希さんの母である遠藤美恵子さんと多くの言葉を交わした日のことを、私は今もはっきりと覚えている。それは震災から半年が過ぎた秋の日のことで、私は県外に出張した際に購入したお土産を持って、未希さんの両親が暮らす海沿いの自宅を訪ねた。瓦屋根の立派な日本家屋は二階まで海水が入り込んでおり、当時は未希さんの両親やボランティアらが中心となって修復作業が進められていた。

震災直後こそ、押し寄せてくるメディアの質問に歯を食いしばって対応していた美恵子さんだったが、やはり最愛の娘を失った心の傷は深く、夏以降は自宅の玄関に「取材お断り」の貼り紙を出して、一切の取材を受けない状態が続いていた。それでいい、と私はその貼り紙に心の底から安堵《あんど》していた。遠藤未希さんの話はもういい、両親が静かに娘と向き合えるようになるまで、しばらくはそっとしておいてあげてほしい。それが私を含めた当時のすべての南三陸担当記者の共通した願いだったように思う。

その日は、お土産を渡して短い世間話を交わし、「それではまた来ます」と言って玄関を出た。

すると「ちょっと待って」と小さな声に呼び止められた。「あなた、本当に酷《ひど》い顔をしているわ」。振り向くと美恵子さんが心配そうな顔をして立っていた。「ちょっと上がっていきません。私、今ね、ストレスケアっていうのを勉強しているの。もしかしたら、あなたの役に立てるかもしれない――」

私は美恵子さんに日本家屋の二階へと招かれ、その後約三〇分間、たくさんの手紙や花に囲まれた遠藤未希さんの仏壇の前で、ストレスケアのマッサージを受けた。美恵子さんはリンパや神経が集中している身体《からだ》の要所に両手を当てながら、「これは疲れてるわぁ」「ちゃんと食事取れてる？」と明るい声で私に尋ねた。当時、私がどのような顔をしていたのか、自分ではわからない。水の出ない観光ホテルの一室で暮らしていた私は、風呂に入れずに髪の毛はいつもぼさぼさで、食事は毎日がコンビニ弁当かカロリーメイトだった。唇は常にひび割れて血がにじみ、仕事上のストレスから夜も眠れず、鏡を見る度に顔はいつも日照りが続いた田畑のような色をしていた。

美恵子さんは私の肩や腰にゆっくりと指を這《は》わせながら、ストレスケアは脳や心をリラックスさせる技術なのだ、と丁寧に教えてくれた。自分の他にも大切な家や家族を失った人たちが大勢いる、自分も何か彼らの役に立つことがしたい、そう思って今講習を受けながら、資格の取得を目指しているの、とうれしそうに話してくれた。

そして最後に——まるで「そんなこともあったっけな」とでも言うような唐突さで——最愛の娘未希さんについての思い出をぽつりぽつりと語り始めた。

「未希は私の勧めで地元の町役場に就職したの。二人姉妹の長女だったから、私はどうしても手放したくなかったのね。専門学校の時に知り合った同《おな》い歳《どし》の彼と震災の前の年に婚姻届を出して、あの子、震災二カ月後の五月には長女を出産する予定だった。でも実際には前の年の一二月に流産しちゃって……、当初は三月から産休を取る予定だったから、順調に産休に入っていれば、あるいは防災対策庁舎で命を落とさずに済んだのかもしれない。一時休養を取った後、職場に復帰したのは震災直前の二月二八日、あと三週間、職場復帰が遅ければ、津波で流されずに済んだのかもしれないと考えることはあります。だってたったの三週間なんですもの……」

美恵子さんの声がわずかに涙ぐんでいるのが背中越しにわかった。

「私ね、今、大勢の人から『未希ちゃんが多くの町民の命を救ってくれたんだよ』って慰められる。でもね、そんな言葉なんか全然いらない。そんな言葉より、やっぱり未希にはどんな形であっても生きていて欲しかった。私は、未希に会いたい。未希に会って、抱きしめてあげたい……」

そう言うと、「ごめんなさい、ごめんなさい」と言って、美恵子さんはまた指先に力を込めるのだ。


美恵子さんから直接話を聞いた後も、私は結局、遠藤未希さんのことを記事にすることはできなかった。その時美恵子さんから聞いた話は、内容的にはこれまでのテレビや新聞で何度も報じられている未希さんのストーリーと変わらないものだったが、未希さんの仏壇の前で横になり、指先から伝わる美恵子さんの体温を感じながら一連の話を聞き終わった時、私は遠藤未希さんの「死」について、それまでには持ち得なかったまったく異なる感情を胸に抱いた。

なぜ二四歳の若い女性があの日、あの場所で命を落とさなければならなかったのか。それは本来避けられた「死」ではなかったのか――。

遠藤未希さんの「死」を巡っては震災直後から、多くの町民の命を救った町職員の「美談」として報じられることがほとんどだった。

しかし、本当にそれでいいのか。彼女は職場復帰後、わずか二週間で「殉職」している。その「二週間」という震災までの期間の短さを、「不運」という言葉で片付けていいのか。

数カ月前に流産を経験し、数週間前に職場復帰したばかりの女性。未曽有の災害が起きた最中にあったにせよ、彼女をいち早くどこかへ避難させることは、やはり「社会」として難しいことだったのだろうか――。

私は南三陸町に勤務中、これまで当然のように繰り返され続けてきた「美談」としての彼女の死を何度も反芻《はんすう》しながら、それらを咀嚼《そしゃく》することも嚥下《えんか》することもできず、ただただ心の中で自問し続けた。

それでいいのか。自らの命を投げ出して人の命を助けることが尊ばれる社会が、本当に人に「優しい」社会と言えるのか――。

その「家」の構想を私が最初に耳にしたのは、米国留学から日本に帰国した直後の二〇一三年だった。

東京本社での内勤業務の合間を縫って頻繁に南三陸町に出入りしていた私はその日もやはり、かつてライバルとして仕事をした軍司夫妻の狭い仮設住宅でいつものように海鮮鍋をつついていた。

狭いテーブルに新鮮な南三陸産のウニが並んだ。

「うわぁ、すげぇ」。震災の年、私は南三陸町に一年間も滞在していながらも、名産のウニを一度も口にしていなかった。震災のがれきで漁港が使えなくなっていたし、エサとなる昆布が津波で根こそぎ流され、ウニ自体が獲《と》れなくなってしまっていたのだ。

獲れたての天然ウニは口に含んだ瞬間にもうとろけそうで、東京で食べるミョウバン漬けの「ウニ」とは味も舌触りもまったく異なる絶品だった。

軍司夫人の手料理を味わいながらいつものように記者仲間たちと馬鹿話を続けていると、遠藤未希さんの母・美恵子さんが突然、みんなの前である計画を披露した。

「私たち、今度ね、また民泊を始めようと思っているの」

未希さんの両親は震災が起きる数年前から漁業体験のような形で小中学

生を自宅に泊める民泊を続けていた。故郷を襲った津波を語り継ぐためにも、これまで支えてもらった人々に恩返しをするためにも、近く民泊を再開したい、と美恵子さんは話した。

鍋を囲んでいた記者仲間たちの箸が止まり、やがて小さな拍手が上がった。美恵子さんはうれしそうで、そしてわずかに涙ぐんでいた。

二〇一八年秋、仕事で南三陸町を「再訪」することが決まったとき、私は真っ先に美恵子さんが夫婦で経営する民泊「未希の家」に予約を入れた。私にとっては二度目の宿泊となるその日の夕食には、獲れたての大ぶりのアワビが並んだ。歯ごたえのある刺し身と、濃厚な味わいのバター焼き。

夕食後、美恵子さんが三時間ほど、震災直後から「未希の家」を立ち上げるまでの経緯について語ってくれた。その中で突然、これまであまり語ろうとしてこなかった、未希さんの夫（Aさん）に関する近況が飛び出したことが、私を驚かせた。

「未希とAさんが結婚するとき、未希が二人姉妹の長女だったから、Aさんは向こうの長男だったのだけれど、両家で話し合って遠藤家に婿に入ってもらったの。優しい、本当にいい人でね。未希の死後も事あるごとに私たちのもとを訪れて、献身的に支えてくれた。でも、その後もずっと再婚をためらっているようだったから、私たちは言ったの。『あなたはまだ若い、遠藤家の復興はあなたの再婚から始まるのよ』って……」

美恵子さんには隠していたが、私は実は米国留学から帰国した直後の一時期、未希さんの夫であるAさんとしばらくの間、交遊を持ったことがあった。誰もが認める美男子で、スポーツ選手であるAさんは当時メディアからの取材はすべて断っていたが（例外的に一誌だけ、彼が被災地に向けて募金を呼びかけた雑誌については短くインタビューに答えている）、私の場合は知人を通じて知り合い、何度か会食を重ねるうちにお互いに打ち解けた関係になっていた。

まだ新しいパートナーの女性と知り合う前だったのだと思う。Aさんは仙台・国分町の居酒屋で突然、未希さんの遺体が見つかったときの状況を語り始めた。

「未希の遺体が見つかったのは震災から一カ月以上も後だったんです。海に遺体が浮いているのを自衛隊のヘリコプターが見つけた。本人確認の決め手は――足首に巻かれたミサンガ（組紐《くみひも》）でした。当時、僕はケガ防止の願掛けのために足首にミサンガを巻いていて、それを真似《まね》て未希も同じ物を足首に巻いていた、まさか、それが未希の目印になるなんて……」

未希さんの両親を悲しませるといけないからと、両親の前では絶対に涙を見せないんだと自戒を込めて話していたスポーツマンが、両目を真っ赤に腫らしている。

Aさんとの会食は取材が目的ではなかったため、私はそれまで未希さんのことにできるだけ触れないようにしていたが、Aさんが突然未希さんについて話し始めたので、私は禁を破って一つだけ彼に尋ねた。

その回答を、私は一生忘れないでおこうと思った。

私は彼にこう聞いたのだ。

「今でもやっぱり未希さんのこと、思い出す?」

彼は答えた。

「いや、全然」

「全然?」

「『忘れた』ことなんてないんです。だから、『思い出す』こともないんです――」

そう言うと、Aさんは腕全体で顔を隠すようにして、低く声を上げて泣き始めたのだ。

私は今も南三陸町を訪れる度に、骨組みだけが残った防災対策庁舎の前に立つ。なるべく人のいないタイミングを見計らって、長く目を閉じ、心の中を見つめる。

そして考える。

この場所で亡くなった遠藤未希さんについて。同じく死亡した四三人の職員らについて。地震と津波で亡くなった約二万人の人々の人生と、その後に残された家族について。

土の匂い。風のざわめき。遠くで潮騒が鳴っている。

周囲の風景はまるで変わってしまったが、目を閉じている間だけは自分があの時の「南三陸駐在」に戻れているような錯覚に陥る。

あの日、私が見た光景。

自分に何ができて、何ができなかったのか。

心の中に棲み続ける人々――。

私の『南三陸日記』は、今もそんな風にして続いている。

遠藤未希さんの母美恵子さん（右）と父清喜さん

文庫版のためのあとがき

東日本大震災が発生した直後から約一年間、私は津波で甚大な被害を受けた宮城県南三陸町に住み込んで毎週一回、朝日新聞の全国面に「南三陸日記」という名の短いコラムを連載しました。本書は震災一年を迎えた二〇一二年三月にそれらのコラムをまとめて朝日新聞出版から刊行された単行本『南三陸日記』に、新たに二〇一八年秋に取材・執筆した「再訪」を加えて文庫化したものです。

きっかけはツイッターによる呼びかけでした。

私は毎年三月一一日には必ず、南三陸町での経験や今震災について考えていることについてツイッター上で発信するようにしています。

震災七年を迎えた二〇一八年三月にも同様のツイートをし、「当時の人々の生き様を後世に伝えるためにも、どなたか『南三陸日記』を文庫につないでいただけないだろうか」と呼び掛けたところ、複数の出版社から申し出があり、過去に開高健ノンフィクション賞の受賞でお世話になった集英社に引き受けていただくことになりました。文庫化を認めていただいた単行本の版元である朝日新聞出版と、文庫化を引き受けていただいた集英社に心より感謝を申し上げます。

文庫化にあたっては、当時の空気感をそのまま伝えることに重点を置き、前述の「再訪」を除いては、内容に大きく手を入れることは極力控えるようにしました。

ただ一点、やはり震災から八年が過ぎようとしている事情もあって、表紙の写真だけはまったく別の八年目の風景に入れ替えることにしました。

あるいは、すでにお気付きの読者もいらっしゃるかもしれませんが、表紙でランドセルを背負って小学校の校庭に佇《たたず》んでいる少女はあの年、結婚から五日目の三月一一日に婚姻届を提出しに役場に向かった父を津波で亡くし、その四カ月後の二〇一一年七月に私が立ち会う形で生まれた、梨智ちゃん（七六頁参照）です。

涙の海から生まれた乳児は今、あと数カ月で小学二年生になろうという元気な少女に育ちました。南三陸駐在を離れた後も、私は定期的に彼女の自宅を訪れ、彼女が小学校に入学した二〇一八年春には入学式の直前に表紙の写真を撮らせてもらいました。

瞳が大きく、「赤ちゃんの頃は、まるで宇宙人みたいだった」（母親の江利香さん談）という梨智ちゃんは、今や周囲から「天才少女」とおだてられるおてんば娘です。学校の他にピアノとそろばん、英語と水泳の習い事に通っており、ピアノは地元の地区予選を勝ち抜いて東北地区のコンクールで優勝、そろばんでは全国一九位の成績に輝きました。

でも、そんなことはどうでもいい、と周囲のみんなが思っていることが私にはうれしい。元気に明るく、毎日楽しそうに学校に通ってくれれば――。それだけが周囲や家族の願いです。

絶望の海に命という光を灯《とも》したあの時の少女が今後、どのような青春を送り、どのような人生にめぐりあうのか。あの日あの町で無数の人間ドラマを垣間見た「傍観者」の一人として、その成長の過程を今後も記録していきたいと思っています。

本書については単行本取材時からたくさんの人々の厚意や協力を得ました。また、文庫化については「再訪」の取材も含め、集英社文庫編集部の田島悠氏に多大なご尽力をいただきました。

最後に、私の執筆活動をいつも陰ながら支えてくれている外国の町の名を冠した妻と「稲」「絆」という名の二人の娘へ。

三人と笑いあっているときだけ、私は本当の自分になれているような気がする。

二〇一八年一一月、福島県浪江町にて

三浦英之

写真撮影

中里友紀——34・35／50・51

西畑志朗——46・47／54・55／66・67／150・151
174・175／252・253

加藤信男（南三陸町提供）——58・59

青谷 建——62・63／114・115

阿部一郎——100・101

谷口博章さん提供——106・107

小宮路 勝——204・205

吉本美奈子——216・217

朝日新聞社代表撮影——258・259

その他は、すべて著者撮影

本書は、二〇一二年三月、朝日新聞出版より刊行されました。
文庫化に際して、「再訪　二〇一八年秋」を加えました。

本文デザイン　斉藤啓（ブッダプロダクションズ）

集英社文庫

南三陸日記《みなみさんりくにっき》

2019年2月25日　第1刷
2024年10月16日　第4刷

定価はカバーに表示してあります。

著　者　三浦英之《みうらひでゆき》
発行者　樋口尚也
発行所　株式会社　集英社
東京都千代田区一ツ橋2-5-10　〒101-8050
電話　【編集部】03-3230-6095
【読者係】03-3230-6080
【販売部】03-3230-6393（書店専用）
印　刷　中央精版印刷株式会社　株式会社美松堂
製　本　中央精版印刷株式会社

フォーマットデザイン　アリヤマデザインストア
マークデザイン　居山浩二

ISBN978-4-08-745844-2 C0195